生きる力の具体策
社会性を育てるスキル教育
教育課程 導入編

いじめ・荒れを予防し，「社会的スキル」を育てる，授業型の生徒指導

國分康孝 監修　清水井一 編集

図書文化

序　文

　いまの日本とアメリカのそれぞれにおけるスクールカウンセリングの現状から見て，本書出版の意義はどこにあるか。それをこの序文のテーマにします。

　いま（2008年）の日本のスクールカウンセリングはアメリカの基準からすると，真のスクールカウンセリングとはいえません。真のスクールカウンセリングは子どもの発達課題に応えるものであり，予防・開発・教育をめざすものです。ところが，日本では病理的心理の治療をめざす臨床心理学志向のスクールカウンセリングが主流とされています。

　これはアメリカのスクールカウンセリングのとらないところです。アメリカのスクールカウンセリングは子どもが発達課題を解きつつ成長するのに有効なプログラム（いわゆるガイダンス・カリキュラム）を学級で展開する教育方法です。治療法ではありません。そのプログラムは全米に共通した定型が開発されています。

　このアメリカのスクールカウンセリングの日本版を提唱しているのがNPO日本教育カウンセラー協会です。この協会の会長を務めている私は，清水井一らによる『社会性を育てるスキル教育35時間　小学1年生〜中学3年生』（2006-2007年　図書文化）は日本のスクールカウンセリング界の一里塚に値すると思っています。

　本書はこの全9巻のプログラムを実際に普及定着させるためには，どうすればよいか，そのストラテジーを提唱しています。その骨子はインストラクション（留意点などの説明）やアドボカシー（人にその有用性や意義を説得すること），ある事態（例・子どもの抵抗）にどう対処するかなどです。

　本書はつまり，ガイダンス・カリキュラムの実践方法の本です。したがって日本のガイダンス（日本の教育カウンセリング，アメリカのスクールカウンセリング）の先端を行くものなのです。

　　平成20年5月

　　　　　　　　　　　　　　　　　　　　　　　　　　　　　　　　國分　康孝

まえがき

「やり方を教える」ことの提案

　「豊かな心の育成」が叫ばれて久しくなります。「規範意識や生きる力の育成」もいっそう求められています。しかし総論ばかりが先行して，各論つまり具体策がなかなかでてこないように思います。

　少々荒っぽい言い方ですが，「児童生徒たちは，教えられていないから行動できない，行動できないから自信がない」のではないでしょうか。このような時代だからこそ，基本型からしっかりと，社会性を高めるためのスキル（技術）を教えることが必要であると考えています。子どもに自信をつけるためにも，「わかる→ほめる→認める」という方向に，指導のサイクルを変えていくことが欠かせないのです。

　これまで生徒指導は，学校教育の全場面で行うとされています。「いつでも・どこでも・だれもが行う」ということは，ときには「だれもやらない」につながるものです。結果，少なくない教師たちが，学校を落ち着かせることに日々消耗し続けています。

　ほんとうに必要なのは，多くの学校や教師が効果を実感できる方策です。それが，専門の時間を確保して行う社会性の育成という形の生徒指導だと私は考えます。

　本書は，社会性を高めるためのスキルを指導する授業を，学校の教育課程において確保し効果を引き出す方法と，その先駆的な実践を紹介するものです。

実践の地域的・時間的な積み上げ

　筆者自身，「社会性を高めるためのスキル教育」を，前任校（上尾市立南中学校）で平成15年度から準備し，3年間実践してきました。カウンセリング技法を中心に，年間35時間分のカリキュラムを作成し，教育課程の中で総合的な学習の時間の「学び方を学ぶ」という項目の中に位置づけたのです。また，大使館訪問・上級学校訪問・職場体験・修学旅行などの体験活動や，学校行事などとリンクすると，より効果が高まることも実践の結果，

体験しました。

「社会性」の一部はいま，学級活動や道徳などの副読本で教えることも行われています。しかし，この実践を通して，今日的な課題解決に1時間ごとの学習指導案があれば，より効果があがると実感しています。

1時間ごとの学習指導案の作成については，埼玉県教育心理・教育相談研究会（当時筆者が会長）で，プロジェクトチーム（70名）を組織し，発達段階を踏まえ，年間35時間分，小学校1〜6学年6冊，中学校1〜3学年3冊の学習指導案（資料含む）を作成することができました。それを元に『社会性を育てるスキル教育35時間　小学1年生〜中学3年生　全9冊』（國分康孝監修・清水井一編集，図書文化社）を刊行しました。

時代の要請を先取りするシステム

さらに，今回，平成16年度から小・中学校の執筆者を中心に4年間実践してきた実践記録をもとに，本書を作成することとなりました。

この作成にあたっては，平成19年の中央教育審議会の「審議のまとめ」や平成20年3月の「新学習指導要領」などで打ち出された内容を踏まえた形で提示しました。新学習指導要領で新しく出されたキーワードの中に，「社会的スキル」「体験活動」「言語力」という言葉を読み取っていく中で，これらのキーワードを先取りした実践をやってきたという感を強くもっています。

学級規模から始まったスキル教育を，学年・学校単位で教育課程の中に位置づけ，1時間ごとのスキル教育の授業と体験活動を一体化して実施するとより効果的であることが徐々にわかってきました。それらのことを実践するには，教育課程に位置づけ，システム化することが大切であると感じています。

ところでこれらの教育実践・編集にあたっては，学校現場でさらに教育実践できるように，編者清水が一貫してすべての原稿に手を加えました。執筆者と編集者の共同によって完成に至ったものです。

本書は，さいたま市教育相談研究所所長の金子保先生をはじめ，埼玉県教育心理・教育相談研究会の多くの先生方にご協力をいただきました。とくに小学校は鈴木薫先生，中学校は中村豊先生にご協力をいただきました。その他多くの方々にご協力いただいたことに感謝を申し上げます。

最後になりますが，図書文化社出版部の東則孝さんには，上尾市の南・西中学校にも来校いただきました。そして，今回の編集にあたっては，具体的な示唆をいただきました。実際の編集作業を進めていただいた佐藤達朗さん，菅原佳子さんともども，感謝を申し上げます。

　現在，小中学校で学ぶ「平成生まれの子どもたち」のもつ課題を解決する手立てとして提案したいと願っています。

　平成20年5月

上尾市立西中学校校長
清水　井一
上級教育カウンセラー
認定学校カウンセラー

生きる力の具体策　社会性を育てるスキル教育	教育課程 導入編

いじめ・荒れを予防し，「社会的スキル」を育てる，授業型の生徒指導

目 CONTENTS 次

序　文　2　　　　　　まえがき　3

第1章　基礎を教える「社会性を育てるスキル教育」とは
第1節　社会性を育てるスキル教育の必要性　10
第2節　社会性を育てるスキル教育のねらいと特色　12
第3節　社会性を育てるスキル教育の授業　14
第4節　教育課程に位置づけた全体計画　16
第5節　社会性を育てるスキル教育の成果と課題　18

第2章　教育課程導入マニュアル
第1節　教育課程に位置づいた計画づくり　22
第2節　組織づくり・人材育成　31
第3節　評価などの実践上の留意点　34

第3章　教育課程に位置づけた実践
第1節　学校課題研究に取り入れて進めた実践・小学校　36
第2節　総合的な学習の時間で教育課程に位置づけた実践・中学校　48

第4章　小学校のさまざまな実践
──教育課程ならびに学校・学年体制での実践──

第1節　小学校1年生　友達づくりを授業で学びふだんの遊びに生かす　60

第2節　小学校2年生　相手も自分も大切にする人間関係力の育成をめざして　66

第3節　小学校3年生　学級担任と養護教諭のTTによる人間関係スキルアップ授業　72

第4節　小学校4年生　人間関係スキルアップ授業の実施　80

第5節　小学校5年生　自己表現の力を高めるスキル教育を学年単位で実践　86

第6節　小学校6年生　保護者とともに望ましい人間関係の育成を図る学級活動　90

第7節　小学校全学年　スキル教育を全校朝会・キャリア教育に取り入れた実践　96

第8節　小学校教務主任　教育課程に教務主任が推進者となって位置づけるプロセス　102

第5章　中学校のさまざまな実践
──教育課程ならびに学校・学年体制での実践──

第1節　中学校全学年　いじめ防止プログラムとともに話し合いスキルを育てる　110

第2節　中学校全学年　進路指導主事を中心にキャリア教育の一環として推進　118

第3節　中学校全学年　学校行事と関連づけた総合的な学習の時間での実践　124

第4節　中学校1年生　総合的な学習の時間に講座制で実践　130

第5節　中学校2年生　総合的な学習の時間とキャリア教育　134

教育課程導入に役立つ実践資料・一覧表

【学校教育課程】

○平成20年度　社会性を育てるスキル教育の全体計画（上尾市立南中学校）・23

○平成19年度　総合的な学習の時間全体計画（鷲宮町立東中学校）・24

【全学年にわたるカリキュラム】

○年間カリキュラム一覧　15時間版（鷲宮町立東中学校）・26

○年間カリキュラム一覧　35時間版〔中学1～3年〕（上尾市立南中学校　H20年）・27

○年間カリキュラム一覧〔小学1～6年〕（上尾市立東町小学校）・40

○総合的な学習の時間　年間活動計画（上尾市立西中学校）・51

【校内体制】

○「生きる力」を育てる校内体制モデル・103

○生徒指導におけるスキル教育の位置づけ・104

【教育課程導入のプロセス】

○鷲宮町立東中学校のスキル教育導入までのタイムスケジュール・31

○新しく教育課程に位置づけるためのプロセス・107

第1章

基礎を教える
「社会性を育てるスキル教育」とは

第1章 基礎を教える「社会性を育てるスキル教育」とは

第1節 社会性を育てるスキル教育の必要性

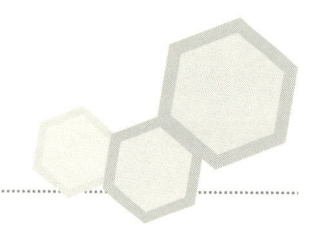

　本章では，私（清水）が校長として取り組んだ実例を元に，「社会性を育てるスキル教育」の全体像について述べます。一言でいうと，あいさつや聞く・話すなど社会性の育成をねらった授業を，教育課程の中に位置づけて実践することで，学校の荒れを防ぎ，子どもたちが社会に出て生きていく力の基礎を育てることができるということです。とくに学校で組織的な取り組みの重要性を述べるつもりです。

●待ったなしで迫る「荒れ」の問題

　生徒たちの生活が落ち着かず，苦労している学校は，全国でかなりの数にのぼると思われます。私は県や地域の校長会があるたびに校長たちに聞き取りをしました。すると中学校でほぼ2校に1校が，問題行動や授業不成立の問題で忙殺されていると，苦しい胸の内を打ち明けてくれました。これはまさに私自身の苦労と重なるものでした。

　私が前任の中学校に校長として着任したときのことです。

　廊下で会った生徒にあいさつをすると，「何それ？」と完全無視を装うような態度に，まず驚かされました。始業式はというと，ワイワイガヤガヤ，ほんとうにこれから式が始まるのか？　という状態です。授業時間には，教師の指示は聞かず，私語をする，立ち歩く，教室からいなくなるなど，授業がなかなか成立しません。問題行動のたびに，生徒指導主任が中心となり，事後指導に明け暮れていました。

　「これでは，教師のほうが，まいってしまう……」

　どんなに熱心に生徒指導に取り組んでも，思わぬところで新たな問題が吹き出します。状況はいっこうに好転しません。教師たちに疲労と無力感がただよい始めたころ，責任者である私も心の中では追いつめられていました。世間では学力向上が話題になっていましたが，もっと手前の問題に迫られ，砂を噛む思いで耐えしのぐ毎日でした。

　私はいつしか，後手に回る生徒指導から脱皮して，生徒全体の質を高めるような，先手

型の予防開発的な取り組みはできないかと考えるようになりました。

● **現在の子どもたちのむずかしさ**

　学校がかかえているこうした問題は，個々の学校や地域の要因はもちろんですが，現在の子どもたちに共通する特色による要因も大きいでしょう。

　平成15年に私たち埼玉県教育心理・教育相談研究会で，子どもの特徴について県内公立小中学校教諭を対象にアンケートと聞き取り調査をしました。その結果，教師の指導がむずかしいのも当然と思える事柄が，現在の子どもの特徴としてあげられました。

《教師が感じる現在の子どもたちの特徴》
　飽きっぽく我慢できない，傷つくことや失敗を怖がる（チャレンジしない），少しのことでは満足しない，些細なことで大きく傷つく，感情のコントロールが未熟，集団のマナーを理解していない，うぬぼれが強く自己中心的である，対人関係を築こうとする意欲と技術が低い，他人の気持ちを察することが不得手である，対人関係のスキルが未熟など

　これは埼玉県だけのことではありません。新しい学習指導要領を方向づける「平成20年中央教育審議会　審議のまとめ」で示された「子どもたちの心の課題」もほぼ同じであり，わが国の子ども全体がむずかしい状態にあると受け止めてよいと思われます。

　《中央教育審議会「審議のまとめ」より》
　　3．子どもたちの現状と課題（子どもの心と体の状況）
　　　・自制心や規範意識の希薄化，生活習慣の確立が不十分である
　　　・自分に自信がある子どもが国際的に見て少ない
　　　・学習や将来の生活に対して，無気力であったり，不安を感じている
　　　・友達や仲間のことで悩む子どもが増えるなど人間関係の形成が困難かつ不得手になっている

※中央教育審議会「審議のまとめ」15pを筆者が箇条書きにまとめた

　たしかにこれでは，学校の努力にかかわらず，学習の場として成り立たせることはむずかしくなっているといえます。小学校でさえ，荒れや授業不成立が増えこそすれ，減ることはないでしょう。私はいつしか，こうした問題に根本的に働きかけ，問題行動を未然に防ぐような組織的な手だてを，学校の教師たちとともに模索するようになっていました。

第1章 基礎を教える「社会性を育てるスキル教育」とは

第2節 社会性を育てるスキル教育のねらいと特色

● 「身につけていない」からの出発

　生徒指導の大変さは，問題が起こるたびに24時間体制で対応に追われることです。当時，私が勤めていた中学校では，教師たちが懸命な指導を続けていました。しかし，問題行動の指導を個別に繰り返しても，学校は全体としてなかなか落ち着きませんでした。このむずかしさに直面し，教師たちと話し合う中で気づいたことがあります。
「生徒たちは，教えられていないのではないか。しつけられていないのではないか」。
　ならばもう一度，一つ一つ段階を経て身につけさせることが必要だろうと考えました。
　実際，私たちがそう考えていた当時から5年後，文部科学省の中央教育審議会が，「審議のまとめ」（平成20年）に，同じような認識に基づいて，率直な反省をまとめています。

　《中央教育審議会「審議のまとめ」より》
　　最後に，第五として，学校教育における子どもたちの豊かな心や健やかな体の育成について，社会の大きな変化の中で家庭や地域の教育力が低下したことを踏まえた対応が十分ではなかったということである。

※中央教育審議会「審議のまとめ」19p.4-(2)の第五より

　校内では，「家庭や地域で担ってきたことを，なぜ学校が取り組むのか」という意見がありました。しかし学校はいま，本来だれの責任でだれが取り組むべきかという議論をしている余裕がないほどに差し迫った事情があります。結局，「学校でもどこでも，やれるところがやるしかない」という認識で進もうというのが結論でした。

● 教えて身につけさせるスキル方式

　この「教わっていない・学んでいないから，学校で教えて身につけさせる」という発想は，『スキル』という言葉に集約されています。文字どおり技術という意味ですが，「うまくできるための知識に基づいて，実際に行うことができる」と私たちは理解しています。

第2節 社会性を育てるスキル教育のねらいと特色

近年,ソーシャルスキル(社会的スキル)という言葉が学校に持ち込まれています。これなども,問題行動を改善するには,その個人の性格の改善を不可欠とするのではなく,適切な行動を学んでいなかったり,誤って学んでしまった現状を,再学習によって修正させようとするものです。例えば,休み時間に一人で教室にいることの多い子は,引っ込み思案な性格の子と考えるのではなく,遊びの輪に入れてもらうための「声のかけ方」などを学んでいないので,それを教える必要があると考えます。

このように「スキルを身につけさせる」ことをねらいとすると
・子どもたちが学んでいないことを,きちんと教えて,できるようにする
・そのための授業を用意し,全員がその時間でできるようにする
という指導の到達地点を明確にすることにつなげていくことができます。

●ねらいは社会性の育成

そこで子どもたちに育てる内容として,まず気になる生徒たちの実態から考えました。

> 人の話が聞けない,教師の指示に従わない,職員室の出入りがきちんとできない,授業中に出歩く,部活動などでも片づけができない など

生徒たちには一般的に「社会性」が不足していると感じられました。

社会性とは,社会(集団)の中で生きていくために必要な力であり,生徒指導のねらいとなるものです。社会性が豊かなほど,子ども同士の人間関係が活性化して,個性の発達にたくさんの有効な作用を及ぼすことになると考えられます。

最新の学習指導要領(平成20年告示)では,道徳教育に関する記述で社会性に関連する内容が,新しく加筆・強調されました。そしてこうした道徳教育を「道徳の時間を要として,学校の教育活動全体を通じて行う」とされています。

《文部科学省「新学習指導要領」平成20年告示より》

> (前略)特に生徒が自他の生命を尊重し,規律ある生活ができ,自分の将来を考え,法やきまりの意義の理解を深め,主体的に社会に参画し,国際社会に生きる日本人として自覚を身につけるようにすることなどに配慮しなければならない。

※「平成20年告示 新学習指導要領」第1章総則第1の2より抜粋

こうして,「規範意識,コミュニケーション能力,将来展望,自尊感情を含む,社会の中で生きていく力」の総体として「社会性」の育成をめざし,スキルを身につけるという観点で,指導の方法を具体化していくことになります。次節以降に紹介を続けます。

第1章 基礎を教える「社会性を育てるスキル教育」とは

第3節 社会性を育てる スキル教育の授業

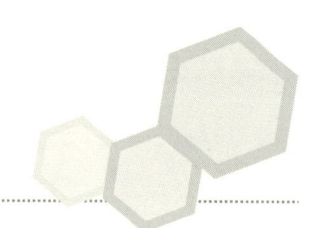

●**授業型の生徒指導の開発**

　当時の生徒指導主任は，問題行動を起こす生徒の後始末役として忙殺されている状況でした。そこで，消極的な後手後手の生徒指導から脱皮するために，生徒全体の質を高める積極的生徒指導を模索しました。その結果，問題行動の有無にかかわらず，すべての生徒に対して社会性を育成する授業を計画しました。手探りで1年間35時間分の指導案を，「いまの生徒たちに必要な内容は何か？」と考えながら作っていきました。

　折しも，構成的グループエンカウンター，アサーション，ソーシャルスキルトレーニングなどのカウンセリング技法の成果を体感していたこともあり，これらを手がかりに1時間ごとの学習指導案を作成しました。

　そして実施の初年度は，全学年が同じ指導案を使って，総合的な学習の時間から週1時間を使い，35時間の授業に取り組んだのです。

　余談ですが，1年目には35時間の指導案を作るので精一杯でした。市販書籍に見本があるとはいえ，35時間分の指導案を作るのは大変な苦労です。教師たちは深夜までパソコンに指導案を打ち込んでいきました。これを全学年で実施した翌年，新2・3年生には新しい指導案を35時間分用意して，新1年生には昨年のものを実施しました。さらに翌年は新3年生のために新しい35時間の授業を用意しました。結果，3年目にして全35時間×3学年がそろうという自転車操業的な工夫をして実践にこぎ着けたわけです。

●**授業を計画するための考え方**

　手探りで始めた授業の開発も，現在は，研究結果に基づいて，下記の項目を目標として行うようにしています。

　　他者理解，自己理解，感情表現，聴き方・話し方，状況理解，コミュニケーション能力，人間関係づくり

これらの習得をめざし，全体的な流れと1時間ごとの授業を計画するようにします。全体計画については，下記の点を考慮します。
- 子どもの発達課題を考慮する
- 基本的なことがらから積み重ねる
- 早い時期での学習が必要なものに留意する

これらを考慮して『社会性を育てるスキル教育35時間』（小学1年生版〜中学3年生版，図書文化社）に学年別年間指導計画例を示しているのでご参照ください。

● 授業の1時間の展開

1時間の授業としての展開は，概ね以下に示した流れで実施しています。

> ①教師が本時の目的とそのスキルの大切さや効果を伝える。
> ②場面設定にふさわしいスキルを見せる。
> ③ロールプレイを繰り返し行うことで，場面を体験させる。
>   ※場面や相手を変えて練習することでバリエーションを増やす。
> ④児童生徒が実行したスキルの出来栄えについて評価をする。
> ⑤日常場面での指導を伝える。
>   ※定着を図る（評価の場・機会をつくる）

1時間の具体的な展開については，前掲の拙著で年間35時間分の授業案を示しました。これらを参考図書として各学級の児童生徒の実態に応じて工夫改善をしてください。

このスキル教育の授業を計画するうえで重要なことは次の3点です。①学習性が認められること。②観察できる具体的な行動としてとらえること。③適切なスキルを使うと周囲から好ましい反応が返ってくることを体験的に学ばせること。

次に，実際に授業を進めていくうえでの留意点をあげます。
①安心して練習できる雰囲気（児童生徒と教師の信頼関係が構築されている）
②教師の指示が通る（必要不可欠な前提条件となります）

なお，軽度発達障害が疑われる児童生徒については，専門家との連携を図りながら進めます。校内の特別支援コーディネーターと相談し，個別支援計画を参考にすることが大切です。

第1章 基礎を教える「社会性を育てるスキル教育」とは

第4節 教育課程に位置づけた全体計画

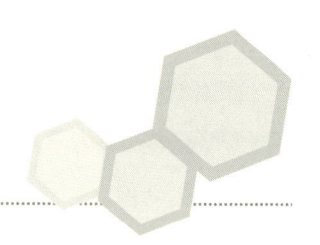

●学校の実情に応じて教育課程へ位置づける

　後追いの生徒指導を，放課後や夜間，休業日に行うことは限界に達していました。稼業日の授業時間内で社会性を育てる授業を行う必要性を強く感じずにはいられませんでした。「社会性を育てるスキル教育」の授業を教育課程の中に位置づけることが必要なのです。

　そこで，総合的な学習の時間から35時間を捻出することとしました。というのも，自主的・探究的な学習を行う総合的な学習は，普段の授業や学校生活に規律が不十分な状態では，うまくいくはずがありません。「学び方を学ぶ」内容として，本校の実情に合わせて，社会性を育てるスキル教育の授業を位置づけたのです。そして学校内外に訴えました。

　「これまでの教育課程では，子どもの社会性を意図的・計画的に学ぶ時間は，道徳の授業，特別活動が中心でした。しかし総合的な学習の時間にスキル教育の授業を位置づけることで，社会性の育成を重視する学校の姿勢が明確になります。これからの学校は，教科指導と同様に生徒指導を充実させることにより，子どもたち一人一人の社会性を育んでいくことが大切になってきます。社会性を育むスキル教育は，そのための時間と場を教育課程内において保障していくものであり，一定の成果を得ることができます」。

●授業と体験活動を相互作用させる

　「スキル教育の授業をやれば社会性が身につくのか？」とよく質問を受けます。答えは，常識で考えればわかるとおり，「ノー」です。実は，本書で提案しているスキル教育は，授業だけを指すのではありません。

```
【社会性を育てるスキル教育とは】
スキル教育の授業    ＋    体験活動
（基礎練習にあたる）      （試合にあたる）
```

スキル教育の授業は基礎練習です。まず授業で基礎的な知識や型を身につけます。そして次に，実際に職場訪問や大使館訪問などの体験学習で活用して，よさを実感し，自分のものとしていきます。部活動の練習にたとえると中学生も理解してくれます。つまりスキル教育の授業は素振りや壁打ちのトレーニング，体験学習は実際の試合です。試合では勝つことも負けることもありますが，そこでまた学んでいくのです。

勘のいい読者は，体験活動に限らず，学校行事でも，児童会生徒会でも，学級活動でも，授業さえも試合にあたるとお考えでしょう。そのとおりです。スキル教育で学んだことを普段の指導と関連づけることで同様の成果が得られるでしょう。ただし，筆者の実践経験上，「すべての教育活動と関係づける」とすると，かえってぼやけてしまいます。教育課程に取り入れて実践することを考えると，ここはあえて，「授業と体験活動とを関連づけた実践が社会性を育てるスキル教育である」と定義すべきだと考えています。

●体験活動を軸にした組み立ての例

体験活動を軸に，スキル教育の授業をどう組み立てるとよいでしょうか。それは，体験活動と関連するスキルの授業を，体験活動の前に実施します。そして実際に体験活動に臨み，その後のまとめで，スキルについても振り返りを行うのです。

図：中学3年分の体験活動とスキル授業

私が現在校長をしている上尾市立西中学校では，次のような内容で実施しました。1年生では，スキル教育の授業（事前・事後指導）と市内45事業所にお願いした職場体験活動，長野県菅平におけるスキー教室を実施。2年生では，スキル教育の授業（事前・事後指導）と東京（広尾・幡ヶ谷）でのJICA訪問における国際交流，埼玉県内45の高校への上級学校訪問を実施。3年生では，スキル教育の授業（事前・事後指導）と京都・奈良への修学旅行，東京の20カ国に及ぶ大使館訪問の実施。準備から実施までを含む25時間から30時間の「社会性を育てるスキル教育」の授業を行いました。

第1章 基礎を教える「社会性を育てるスキル教育」とは

第5節 社会性を育てる
スキル教育の成果と課題

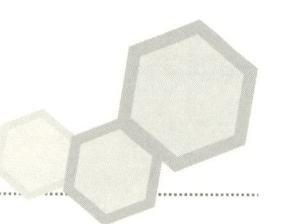

●生徒指導上の成果

　初めて「社会性を育てるスキル教育」に取り組んだ上尾市立南中学校では，全学年各35時間の授業を教育課程に位置づけ，通信簿に評価の欄を作るという実践を3年間にわたって行ったところで私は転出しました。この間に学校はがらっと変わっていました。

　まず，学校が落ち着き，問題行動が減りました。具体的に言えば，教師の指導を生徒が素直に聞くようになったのです。ガラスなど器物破損の数が激減したことはある程度客観的な証明となるでしょう。住民からの苦情もなくなりました。進学先の高校から，わが校出身者へのよい評判も聞かれるようになりました。なによりも教師たちが変化を実感しています。「社会性を育てるスキル教育を導入する前には戻りたくない。これをやめずに続けていこう」と話す教師もいました。

　生徒自身も変化を実感しています。「トラブルが激減した」「自信がついた」「本人が何げなく言っていた言葉が，実は相手を傷つけていたということがわかった」「学級内の人間関係がよくなった」「いままで知らなかった相手のよさや，意外な一面を知ることができた」「スキルの時間を楽しみにしていた」「来年も楽しみにしている」などのように，肯定的な反応が見られました。

●学力に及ぼす影響

　結果的にですが，学力もグンと向上しました。偶然の域を超えて，市内でトップクラスの成績を取るようになりました。

　たしかに学力向上は，学校の生徒指導が十分に行われてこそ実現可能です。考えるまでもありません。子どもたちが授業で，教師の話を聞き，教師の指示に従えば，学力は身につかないはずがないのです。

　全中学校の半分が生徒指導上の問題で苦労しているなら，「学力向上はまず生徒指導か

社会性を育てるスキル教育の成果と課題 第5節

ら」として重点的に取り組むのが現実的な対応策といえるでしょう。

●実践の広がり

　平成15年から私が校長を務める中学校で始めました。その後，私の異動した先の中学校でも，着任後2年目にして，教師主導で社会性を育てるスキル教育に着手し始めました。この間，全国の中学校が視察に来られ，平成20年度の4月から取り組もうという秋田の中学校もあります。「社会性を育てるスキル教育」の実践・研究・開発をともに進めてきた，埼玉県教育心理・教育相談研究会のメンバーのいる学校でも実践が広がり，鷲宮町では町内全小・中学校で取り組むことになりました。とくに熱心に話を聞こうとする管理職が増えています。

　直接の関係ではありませんが，さいたま市の特区申請による小中学校での取り組み，横浜市，千葉県でも類似の社会性を育てる授業を展開しています。静岡県教育委員会も平成20年度から県内小中学校に同様の取り組みを奨励しています。

　やり方や時間数はいろいろですが，社会性育成に関する授業の時間を設定するという方法が，徐々に広がっていることを感じずにはいられません。

●実践を成功させるポイント

　社会性を育てるスキル教育の成果を引き出すために，留意すべきコツがあります。

(1)　授業の前に子どもたちと約束を徹底する

　まずスキルの授業が成り立つ前提として，次の2点を子どもたちに徹底します。

> ①話している人には，黙って耳をかたむける
> ②先生の指示には従う

　この約束をしながらスキル授業を進め，「約束を守ったら自分のためになることを学ぶことができた」という体験をさせて，約束を定着させていくのです。ところでこの約束はスキル教育の最も基本となるものです。筆者の場合は，「これができれば，子どもたちの成績は必ず上がる」と断言をして，教師や保護者からの協力を得るようにしています。

(2)　学びの実感を通して教師から学ぶ習慣づけへのサイクルを機能させる

　「社会性を育てるスキル教育」の授業は，目新しさもあって，興味・関心をもって意欲

第1章 基礎を教える「社会性を育てるスキル教育」とは

的に取り組む姿が見られました。授業は，人とかかわる演習として展開されるために，主体的な参加が必要な内容となっています。また，学んだことが，学校生活や体験活動，進路学習に役立つという実感を伴うようにプログラム編成できると学習意欲が継続します。このようなサイクルを作り，授業で学ぶという行動様式を習慣化するところまでつなげます。

学習の約束を守る　→　スキル教育の授業に主体的に参加する
　→　発見や学びの楽しさを味わう　　→　教師から学ぶ意義を理解し習慣化する

● 今後の課題と可能性

今後の課題は，スキル教育における授業内容のいっそうの充実のために，年間指導計画，プログラムの検証を継続的に行っていくこと，必要な授業時数の確保，授業者である教師の指導力・専門性の向上を図っていくことなどです。これらについては，「社会性を育てるスキル教育」の教育実践が始まって間もないことを考えれば当然なことでもあるので，今後の実践の積み上げの中で改善していくことができると思います。

そして，9か年の義務教育を通して子どもたちの社会性を育てることが，山積する学校教育の生徒指導上の諸問題を解消していく一助になるものと期待しています。

現在私が勤務する中学校で校長宛に市民の方から手紙をいただきました。

内容は，「おたくの中学生は，電車の中でのマナーがよく，しかも初老の女性に席を譲るなど，周りをさわやかな雰囲気にさせてくれた」というものでした。ちょうど体験活動の訪問先に向かう電車の中でのことのようでした。

これを読んで，いままさに社会性を育てるスキル教育に取り組み始めていた私も教師たちも，喜びとともに感慨にふけりました。教師の目の届かないところで，生徒たちの行動に変化が起きているのです。それも地域の方からおほめをいただくことは少ないでしょうからますます貴重です。

私はいま2校目の中学校で，教師の自主性を尊重しながら，社会性を育てるスキル教育に新しい形で取り組んでいます。私が校長を務めるかぎり，学校の直面する困難を乗り越える方法として常にこれをすすめようと思うほどに，この方法の効果に確信をもっています。いままた効果を実感して，いっそう日々の学校経営に邁進しているところです。

（第1章　清水井一　資料提供　中村豊）

第2章

教育課程導入マニュアル

第2章 教育課程導入マニュアル

第1節 教育課程に位置づいた計画づくり

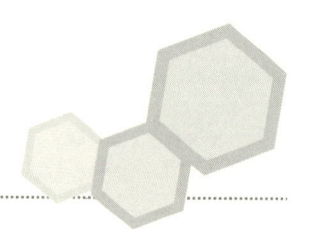

　本章では,「社会性を育てるスキル教育」を,学校の教育課程に位置づけて組織的に取り組むためには,どのように教育課程に位置づけ,どのように運営・実行していくとよいのかを,2つの学校を取り上げ,具体例を示しながら,説明します。

●学校の実態を踏まえて独自のシステムを作りあげる

　社会性を育てるスキル教育(以下,スキル教育)は,学校組織で,継続的に教育課程に位置づけて行うことが大切です。なぜなら,たとえ教師個々の特別の努力によって学校全体がすばらしいものになったとしても,数年後には人員の入れ替わりによってなくなってしまうからです。これまで,カウンセリングや構成的グループエンカウンターなど,子どもたちの心を育てるための方法が,教師個人の技量向上として注目されてきました。全国的にこうした土壌が耕されているいまこそ,これを組織化して確かな成果を上げる仕組みを作る必要があります。

　「教育課程に位置づける」には,管理職と教務主任・生徒指導主任・教育相談主任などの協力が欠かせません。管理職からトップダウン式に進む場合もあれば,教師からボトムアップで実現する場合もあるでしょう。都道府県や市町村の教育委員会から求められる場合も増えています。どのような教育課程になるかは,こうした学校内の流れや実態,また地域の実態によって異なります。とくに,スキル教育の授業に何時間あてるかは大きなポイントです。3時間程度の場合から35時間の場合もあります。

　本書では35時間に近い時数を確保することが,効力を発揮することのできる基本形と考えています。教育課程に位置づけるまでの具体的な手順を,「35時間を総合的な学習の時間で」という中学校のモデルケースで紹介していきます。学校の実情に応じて参照して,独自の教育課程を作り上げていただければと思います。なお小学校の実例については,第3章をご参照ください。

教育課程に位置づいた計画づくり 第1節

1．スキル教育の全体計画づくり

まずスキル教育を教科等で実施するのに必要な時数を確保するために，スキル教育の全体計画を作ります。本書では，総合的な学習の時間にスキル教育の全体計画を作ります。それは以下の考えに基づいています。

(1) 総合的な学習の時間の中に，「学び方を学ぶ」ための時間を確保する

(2) 総合的な学習の時間で行う「体験活動」の事前事後指導として

(3) スキル教育で「教え」，探究学習で「考えさせる」

```
┌─────────────────┐  ┌─────────────────┐  ┌─────────────────┐
│○日本国憲法      │  │南中学校教育目標 │  │目指す生徒像     │
│○教育基本法      │  │ゆたかな心       │  │○豊かな心をもつ生徒│
│○学校教育法      │  │たくましい体     │  │○たくましい体をもつ生徒│
│○指導の重点努力点│  │かがやく瞳       │  │○学びとる意欲をもつ生徒│
└─────────────────┘  └─────────────────┘  └─────────────────┘
```

スキル教育のねらい
○生徒間，生徒と教師の人間関係を醸成する。
○集団における相互の規範意識を高め，学習規律を向上させる。
○学習の基礎基本を定着させるとともに，豊かな生きる力を育てる。

スキル教育の重点目標
○協力し合い，集団生活の秩序を守るとともに，集団生活の向上のために，一人一人が誠実で積極的に役割を果たすことの大切さを自覚させる。
○級や学校における生活上の諸問題の解決，学級内の組織作りや仕事の分担処理，学校における多様な集団での生活を向上させる。
○よりよい生活や学習，進路や生き方等をめざして自ら課題を見出していくことの大切さを理解させる。

スキル教育の具体的方策
ガイダンス：子どもが成長する過程で，しなければならない選択・決定・適応に対して，学校全体で援助をし，子どもたちの可能性を最大限に開発していく。
エンカウンター：集団学習体験を通して人間的な成長（行動の変容）を図ることで，自分や他者に対する理解をより深め，感受性を高めたりする。
アサーショントレーニング：自分の欲求や感情，立場，権利などを必要以上に抑えることなく，かつ，相手の欲求や感情，立場，権利などにも十分配慮しつつ，自分を相手にうまく表現できるようにする。
ソーシャルスキルトレーニング：対人関係を築き，それを保っていくために役立つ行動を学習によって身につけていくトレーニングの方法。

各学年の重点目標
第1学年　相手の気持ちを尊重しながら，自分の考えを伝えることができる。
第2学年　自分なりの課題意識をもって行動し，責任をもってやり遂げることができる。
第3学年　社会に必要なコミュニケーションスキルを身につけ行動することができる。

学習指導	道徳指導	特別活動	キャリア教育	部活動
個に応じた学習指導を充実し，基礎的・基本的な内容を身につけるとともに，自ら学ぶ態度を育てる。 ・人を傷つける言葉をなくす ・学習規律を身につける	人権尊重や他の生命の尊重についての理解を深めるとともに，豊かな心を育てる。 ・人への思いやり ・相互の尊重	自主的，実践的な活動を通して所属感・責任感・連帯感などを体得する。 ・温かな人間関係 ・一人一人の活動の場と成就感	自己と他者や社会との適切な関係を構築する力を育てる	生徒間，生徒・教師間のふれあいを通して，友情・礼儀・責任・協力などを育てる。 ・一人一人に活躍の場 ・不適応生徒の早期発見，解決

図1　平成20年度　社会性を育てるスキル教育の全体計画（上尾市立南中学校）

第2章 教育課程導入マニュアル

2. 該当教科等（総合的な学習の時間）の年間計画づくり

次にスキル教育の授業を実際に行う教科領域の全体計画を作成します。図2は総合的な学習の時間のものです。

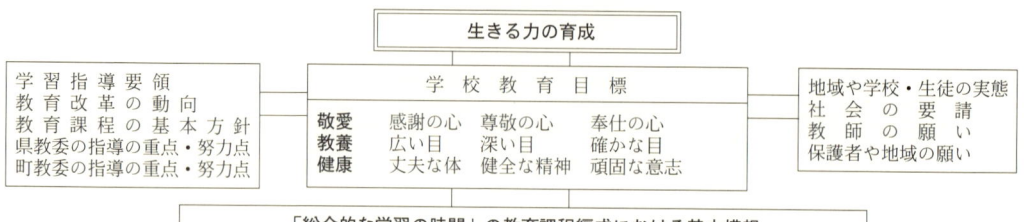

図2　平成19年度　総合的な学習の時間全体計画（鷲宮町立東中学校）

3．スキル教育の授業の年間計画づくり

次に，スキル教育の授業のカリキュラムをつくります。カリキュラムづくりに際しては，学校の教育課程（特別活動・道徳教育・総合的な学習の時間など）や年間行事計画，入学から卒業までの系統性，児童生徒の発達段階に配慮していくことが必要です。また進路指導（キャリア教育）に配慮して横断的に学習内容を決めていくことも必要となります。

とくに，時間割に位置づけて年間35時間実施する場合には，各学年プログラムの重複や系統性，どのようなスキル獲得をめざすのかなど，実施する必要性を裏づけておくことが大切です。例えば，「あいさつ」を毎年行う場合，1年生と2年生，2年生と3年生のあいさつのスキルでは，どこが異なるのか，同じことを毎年繰り返すのか，その理由は何かなどを明確にしておきます。次ページ以降に，2種類の年間カリキュラムの例をご紹介します。

各校の実態に合わせたカリキュラムを構築するためのポイントは以下のとおりです。

〔カリキュラム構築のポイント〕

①学校行事と関連づけて

- 儀式的行事の前に，「あいさつ」や「身だしなみ」，「礼」などのマナーに関する内容を意図的に位置づけて実施する。
- 遠足，林間学校，修学旅行などの校外学習の前に，人間関係づくりに効果的なグループワークや構成的グループエンカウンターの演習を実施する。
- 上級学校訪問や職場見学・職場体験学習などの前に，ソーシャルスキルトレーニングの中から必要と思われるスキルを選び実施する。
- 表彰や証書授与などの前に，基本動作や返事を練習しておく。

②保健指導や安全指導と関連づけて

- 薬物乱用防止教室と関連づけた「断り方」や自己主張等のスキルトレーニングを行う。
- 防犯教室と関連づけてのスキルトレーニングを実施する。
- 保健主事や養護教諭とTTで授業を行う。
- 交通安全指導と関連づけてのロールプレイの授業を行う。
- 「心の教育」としてのメンタルヘルス，ストレスマネジメントの授業を行う。例えば，呼吸法やリラクゼーションなどである。

第2章 教育課程導入マニュアル

表1　年間カリキュラム一覧　15時間版　（鷲宮町立東中学校）

週	月	1年	2年	3年	学校行事等
1	7	善悪の判断	後輩に優しく接しよう	学校訪問に向けて	夏休み前の生徒指導
2	9	校内巡り	漢字マイスター	自己理解1	学期当初の生徒指導
3	9	頼み方の基本	失敗に学ぶ	自己理解2	ＰＴＡ行事
4	9	断られたとき	話しやすい態度	質問の仕方	生徒会改選に向けて
5	9	いいとこさがし	コミュニケーション	マナーを身につけよう	定期テスト，衣替え
6	10	ものは言い方	君はどうする？	適切な言葉遣い	新人体育大会
7	10	合唱祭に向けて1	採用面接	班で協力しよう	駅伝大会
8	10	合唱祭に向けて2	サイレント・ピクチャ	ストレスとは	校内文化芸術祭
9	10	感じのよいあいさつ	善悪の判断	自分のストレス度	教育週間・学校公開
10	11	上手な話の聴き方	感じのよいあいさつ	自己理解3	全校三者面談
11	11	温かい言葉かけ	3年生への準備	高め合う学級づくり	県大会
12	11	「はい！」の言い方	私のライフプラン	自分を表現しよう1	定期テスト
13	11	相手の気持ち	砂漠の救助リスト	自分を表現しよう2	社会体験事業（1年）
14	12	会話の仕方を学ぼう	ネット生活の落とし穴	自分を表現しよう3	授業研究会
15	12	みんなで協力しよう	誘惑に負けない	こんな時，どうする	3年進路面談

※授業の詳細は『社会性を育てるスキル教育　35時間　中学校編全3冊』を参照

表2　集中的に実施する場合のカリキュラム（一部）

実施時期	時数	題材・授業タイトル	身につけさせたいスキル等	ねらい
4月9日～	①	コミュニケーションゲーム～図形伝達～	伝え聞き取る双方向のコミュニケーション	図形伝達ゲームを通して，一方通行と双方向のコミュニケーションの違いに気づき，伝え方や聞き方のポイントの理解を深める。
4月16日～	②	いいとこさがし	他者理解，自己理解，自己洞察	他人のいい所を見つけ，自分のいい所に気がつき，自分の長所を発見することができるようにする。
4月23日～	③	感じのよいあいさつ	礼儀，あいさつの仕方	相手，時，場所にあったあいさつの仕方を身につけ，よいあいさつ，進んであいさつができる生徒を育てる。
4月30日～	④	「はい！」の言い方	礼儀，返事の仕方	気持ちのよい返事はどのようなものかをロールプレイを通して体験的に学ぶ。
5月7日～	⑤	私はリポーター	適応力，インタビュー方法，発表力	大型連休中の過ごし方を取材することで，学級間にコミュニケーションの機会と場を提供し，よりよい聞き方ができるようにする。
5月14日～	⑥	ものは言い方	コミュニケーション，相互理解	「ものは言い方」の意味を理解させ，望ましいコミュニケーションのとりかたについて体験的に学ぶ。

教育課程に位置づいた計画づくり 第①節

表3-1　年間カリキュラム一覧　35時間版〔中学1年〕（上尾市立南中学校　H20年）

学期	月	週	エクササイズ	ねらい	行事との関係
1	4	1 2 3 4	ガイダンス② 探偵ごっこ① 教室はどこだ①	・スキル学習をどうとらえ学習を進めていくかその意義を理解する。 ・一年間の活動内容を知り，学習の見通しをもつ。 ・気持ちのよいあいさつと返事について学ぶ。 ・楽しくコミュニケーションしながら，相手を知る。 ・情報をよく聞き，伝え合うことで答えを導く方法を学ぶ。	
	5	5 6 7	上手なあいさつ① 共同模写① 校内オリエンテーリング①	・コミュニケーションの基本のあいさつの大切さを知り，上手なあいさつを学ぶ。 ・校外学習に向けて，班の結束を高め，協力することの大切さを学ぶ。 ・協同作業を通して協力することを学ぶ。	 校外学習 校外学習
	6	8 9 10	漢字マイスター① 自分を知る〈QU検査〉① リフレーミング①	・校外学習に向けて，班の結束を高め，協力することの大切さを学ぶ。 ・自己チェック表を通して自己啓発の具体的視点をもつ。 ・自分の得意なことを他の生徒から教えてもらい，自己有用感を得る。	校外学習
	7	11 12 13	3つの話し方② 向いているのはどんな人①	・3つの話し方を学び自分がどの話し方をすることが多いかを知る。 ・上手に頼む方法を学ぶ。 ・職業が求める適性を理解する。 ・友達と話し合うことで自己・他者に対する理解を深める。	 進路学習
2	9	14 15 16 17	上手な聞き方① トラブルシューティング① チャレンジ体験のまとめ① 君はどこかでヒーロー①	・人の話を聞くことの意義，重要性を認識する。 ・上手な聞き方のスキルを身につける。 ・トラブルの解決方法を学ぶ。 ・体験学習先でのあいさつの仕方，質問の仕方，言葉遣いなどのマナーを学ぶ。 ・活動を振り返り，事前に学習したスキルを生かすことができたか，職場で学んだスキルは何かをまとめる。 ・体育祭で人のために活躍したことを他の生徒から支持されることにより自己有用感を得る。	 2dayチャレンジ 2dayチャレンジ 体育祭
	10	18 19 20 21	共同コラージュ③ 上手な発表①	・共同作業を通して協力，分担する。 ・相手の意見を尊重しながら，自分を表現する方法を学ぶ。 ・よい発表と悪い発表を見比べ，相手に伝わりやすい発表の仕方を学ぶ。	音楽祭 2dayチャレンジ
	11	22 23 24 25	砂漠の救助リスト① 上手な断り方① ストレスマネジメント① テーブルマナー①	・上手に自己主張する方法と友人と協調しながら意見をまとめる方法を学ぶ。 ・上手に断る方法を学ぶ。 ・自分のストレスの解消法を学ぶ。 ・食事の際のマナーについて学ぶ。	
	12	26 27	リラクセーション① 非行チェック①	・忙しい中学校生活の緊張のほぐし方を学ぶ。 ・犯罪行為を判断する知識を身につけ，法的な犯罪と道徳的に悪いことについて知る。	
3	1	28 29 30	卒業する3年生へのメッセージ②千羽鶴を折る 授業に集中する方法①	・合格や感謝の気持ちを込めて，3年生にメッセージと鶴を贈る。 ・「～ながら」の学習の効率の悪いことを体験し，集中する方法を学ぶ。	
	2	31 32 33	新1年生へのメッセージ① 卒業式への臨み方①	・中学生の心構えや注意点を新入生の立場になって伝える方法を学ぶ。 ・3年生を気持ちよく送り出すための式でのマナーを学ぶ。	入学式 卒業式
	3	34 35	ネチケット① 一年間の振り返り①	・インターネットを利用するうえでのマナーを学ぶ。 ・一年間の成長，努力点を確認する。	

※授業の詳細は『社会性を育てるスキル教育　35時間　中学校編全3冊』を参照。

第2章 教育課程導入マニュアル

表3-2　年間カリキュラム一覧　35時間版〔中学2年〕（上尾市立南中学校　H20年）

学期	月	週	エクササイズ	ねらい	行事との関係
1	4	1 2 3 4	ガイダンス②	・スキル学習をどうとらえ学習を進めていくかその意義を理解する。 ・一年間の活動内容を知り，学習の見通しをもつ。 ・気持ちのよいあいさつと返事について学ぶ。	
			上手な聞き方①	・人の話を聞くことの意義，重要性を認識する。 ・上手な聞き方のスキルを身につける。	
			頼れる先輩に①	・信頼される先輩になるために大切な言葉遣いについて学ぶ。	
	5	5 6 7	自分を知る<QU検査>①	・自己チェック表を通して自己啓発の具体的視点をもつ。	
			高め合う学級づくり1①	・積極的にグループワークに取り組むことを通して肯定的な人間関係を築く。	
			高め合う学級づくり2①	・学級に活気と潤いを与えるような雰囲気をつくり，共感的に理解し合える人間関係づくりを学ぶ。	
	6	8 9 10	ブラインドウォーク①	・優しさをどう伝えるか，体験を通して信頼されることの大切さを学ぶ。	
			ウォークラリーに向けて①	・成功に向けての協力性，トラブル対処法などを学ぶ。	ウォークラリー
			上手な断り方①	・薬物乱用の誘いに対して上手に断る方法について学ぶ。	
	7	11 12 13	1学期の振り返り①	・1学期の自分の成長，不十分なところを把握し，次の学習に生かせるようにする。	
			上級学校訪問に向けて②	・先輩の話をよく聞き，体験から学ぶ。訪問先の上級学校でのあいさつの仕方，質問の仕方，言葉遣いなどのマナーを学ぶ。	上級学校訪問
2	9	14 15 16 17	上級学校訪問のまとめ①	・自分たちでまとめるとともに後輩にも伝える準備を行う。	上級学校訪問
			共同模写①	・体育祭に向けて協力することの大切さを学ぶ。	
	10	18 19 20 21	共同コラージュ③	・共同作業を通して協力，分担する。 ・相手の意見を尊重しながら，自分を表現する方法を学ぶ。	音楽祭
			ネチケット①	・インターネットの危険から身を守る方法とマナーを学ぶ。	
			ストレスマネジメント①	・自分のストレスの解消法を学ぶ。	
	11	22 23 24 25	冬山サバイバル①	・上手に自己主張する方法と友人と協調しながら意見をまとめる方法を学ぶ。	
			私のライフプラン①	・将来の自分をシミュレーションすることにより目標をもち，それを友達に伝えることで自己，他者理解を深める。	進路学習
			怒りについて①	・怒りの感情や自分の怒りの特徴について知る。	
			切れないテクニック①	・怒りをコントロールする方法を学ぶ。	
	12	26 27	友達へのメッセージ①	・友達のいいところを認め，ほめ言葉として表現する。	
			2学期の振り返り①	・2学期の成長と不十分だったところを振り返り，次に生かす。	
3	1	28 29 30	卒業する3年生へのメッセージ②千羽鶴を折る	・合格の願いを込めて，3年生へメッセージと鶴を贈る。	
			校外学習の上手な報告の仕方①	・鎌倉校外学習の上手な報告の仕方，発表の方法について学ぶ。	校外学習
	2	31 32 33	卒業する3年生へのメッセージ②	・感謝の気持ちを込めて，3年生にメッセージを送る。	卒業式
			新1年生へのメッセージ①	・中学生の心構えや注意点を新入生の立場になって伝える方法を学ぶ。	入学式
	3	34 35	卒業式への臨み方①	・3年生を気持ちよく送り出すための式でのマナーを学ぶ。	卒業式
			3学期の振り返り①	・一年間の成長，努力点を確認する。	

※授業の詳細は『社会性を育てるスキル教育　35時間　中学校編全3冊』を参照。

表3-3　年間カリキュラム一覧　35時間版〔中学3年〕（上尾市立南中学校　H20年）

学期	月	週	エクササイズ	ねらい	行事との関係
1	4	1 2 3 4	ガイダンス②	・スキル学習をどうとらえ学習を進めていくかその意義を理解する。 ・一年間の活動内容を知り，学習の見通しをもつ。 ・気持ちのよいあいさつと返事について学ぶ。	
			他己紹介をしよう①	・他己紹介のスキルを身につける。	
			高め合う学級づくり1①	・共感的に理解し合える人間関係づくりをする。	
	5	5 6 7	自分を知る<QU検査>①	・自己チェック表を通して自己啓発の具体的視点をもつ。	
			高め合う学級づくり2①	・積極的にグループワークに取り組むことを通して肯定的な人間関係を築く。	修学旅行
			自己理解を深める①	・いままでの自分とこれからの自分を一文字の漢字で表すことで，目標を明確化する。	
	6	8 9 10	伝え合う①	・言葉で伝え合うことのむずかしさと大切さを知る。	
			ていねいな言葉遣い①	・高校体験入学・説明会に向けて適切な敬語が使えるようにする。	
			他者理解を深める①	・相手の立場や気持ちを体験を通して学ぶ。	
	7	11 12 13	私のものさし①	・自分を生かす進路選択のために，自分が大切にしたいものは何かを知る。	進路学習
			大使館訪問に向けて②	・あいさつ，マナー，質問の仕方を学ぶ。	大使館訪問
2	9	14 15 16 17	大使館訪問(お礼の手紙)①	・心を込めた手紙の書き方，形式を学ぶ。	大使館訪問
			大使館訪問のまとめ②	・大使館訪問の成果や問題点を後輩に伝える準備をする。	大使館訪問
			共同コラージュ③	・共同作業を通して協力，分担する。 ・相手の意見を尊重しながら，自分を表現する方法を学ぶ。	音楽祭
	10	18 19 20 21	上手な頼み方①	・上手な頼み方を学ぶ。	
			高め合う学級づくり3①	・最後の音楽祭を前にクラスの団結を強める。	
	11	22 23 24 25	面接練習②	・あいさつ，マナー，自己アピールを学ぶ。	進路学習
			自己PR書を書く②	・三年間自分が努力してきたことを振り返り，自分を上手に表現する書き方を学ぶ。	進路学習
	12	26 27	誘惑に負けない自分になろう①	・薬物に対する理解を深め，誘われても断る方法を学ぶ。	
			2学期の振り返り①	・2学期の成長，不十分なところを次に生かせるようにする。	
3	1	28 29 30	こんなときどうする1①	・願書の書き方や手続きの方法を知る。	進路学習
			こんなときどうする2①	・受験のときのトラブル対処方法を学ぶ。	進路学習
			ストレスマネジメント①	・受験前の気持ちを落ち着かせ，力を十分に発揮させる方法を学ぶ。	
	2	31 32 33	感謝の気持ちを表そう①	・自分を支えてくれた人への感謝の気持ちを表す。	
			高め合う学級づくり4①	・級友それぞれのよさを認め合い，感謝の気持ちを表す。	
	3	34 35	卒業を控えて①	・後輩へ自分たちの体験からメッセージを送る。	卒業式
			卒業式への取組①	・卒業式のあいさつ，マナーを学ぶ。	卒業式

※授業の詳細は『社会性を育てるスキル教育　35時間　中学校編全3冊』を参照。

第2章 教育課程導入マニュアル

●時間数の確保

　スキル教育導入にあたり，従来の指導計画の見直しや教育課程の組み直しが必要になります。実践をしてきた現行教育課程での時数は，総合の時間を維持しながら選択教科の時数を減らすことでスキル教育の授業を時間割に位置づけてきました。

　いっぽう平成20年告示の新学習指導要領では，選択教科がなくなり，総合的な学習の時間が削減されます。移行後のスキル教育のあり方については，これまで例示してきた上尾南中学校の例でいうと，総合的な学習の時間全体の時間が減っているものの，スキル教育の時間は減らさないでカリキュラムを組むという見通しをもっています（表4）。

表4　スキル教育を取り入れたカリキュラム（上尾南中学校の場合）

(1) 平成20年

学年		選択	総合	スキル
1学年		15	85	35
	1期	0	2	1
	2期	1	3	1
	3期	0	2	1
2学年		50	105	35
	1期	1	3	1
	2期	2	3	1
	3期	1	3	1
3学年		130	105	35
	1期	3	3	1
	2期	4	3	1
	3期	4	3	1

※1期10週，2期15週，3期10週

⇒

(2) 新学習指導要領での案

学年		総合	スキル
1学年		50	35
	1期	1	1
	2期	2	1
	3期	1	1
2学年		70	35
	1期	2	1
	2期	2	1
	3期	2	1
3学年		70	35
	1期	2	1
	2期	2	1
	3期	2	1

※1期10週，2期15週，3期10週

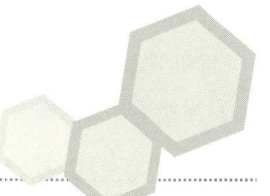

第2節 組織づくり・人材育成

●職員の共通理解

　教育課程に位置づけた実践を行うには，学校内外の共通理解を得ることが欠かせません。「スキル教育」を学校の教育課程に入れるということは，校長の学校経営に関する事項です。おおむね，下記のような事柄を，手順よく進めていきます。

- 管理職の意思決定
- 職員の理解
- 保護者の理解
- 職員研修

　鷲宮町立東中学校では，教務主任が中心となって導入していきました。どのように進めたのか，具体的な手順を確認します（表5）。同中学校では，総合的な学習の時間でスキル教育の授業を実施するために，前年度の夏季休業日から諸準備を進めていきました。

表5　鷲宮町立東中学校のスキル教育導入までのタイムスケジュール

年度	月	内容
平成17	8	授業の実際を体験的に学ぶ職員研修の実施
	9	教育課程編成委員会における原案の検討
	10	職員会議で提案（次年度教育課程編成に関する議題として）
	11	教育課程編成委員会で具体的実施方法の確認
	12	職員会議で次年度のスキル教育開始に向けた共通理解
	1	教育課程編成委員会で指導計画ならびに毎時間の授業案を協議
	2	総合的な学習の時間全体計画への位置づけと年間指導計画作成
	3	年度末学年保護者会でスキル授業の説明とシラバスの配布
平成18	4	校内研修会で内容の確認と通信票の見直し，生徒・保護者への連絡

第2章 教育課程導入マニュアル

● 授業の担当者決定

　スキル授業を行うのは，学級担任の場合も考えられますが，本書がこれまで扱った事例では，専門の授業担当者を設定して行っています。

　専門の担当者が授業を行う場合，年度当初の職員会議では，授業担当者と担当時数のことが課題となります。

　上尾市立南中学校では，1つの学年を2名，合計6名の担当者が授業をしています。

　鷲宮町立東中学校では，カウンセリング研修歴から，必修教科同様に専門性を生かせると考えた5名を主担当者としました。そして，各学年2名の担当者と学級担任の合計3名で毎時間のスキル授業を実施しました（表6）。

表6　鷲宮町立東中学校の「スキル教育」担当者一覧

学年	担当者		学級担任
1年	A（上級）	C（中級）	F，G，C
2年	A（上級）	D（初級）	H，I，J
3年	B（上級）	E（中級）	K，L，M，N

※上級・中級等は，県立教育センターのカウンセリング研修歴を表す。

　なお，学校によっては生徒指導主任や研修主任，教育相談係が中心となっていくことも考えられます。

● 授業担当者の研修

　スキル教育の研修会は，児童生徒に関する情報共有と指導法の工夫改善を目的として行います。こうした研修会の実施は，教師の指導力を高めるのに欠かせません。参考例として，本章で取り上げている2つの中学校のケースを紹介します。

(1)　担当者が県のカウンセリング研修会に参加

　両中学校では，埼玉県立総合教育センターが主催する学校カウンセリング研修会（初級は悉皆研修なので，中級や上級）に，職員を計画的に参加させます。そして，研修を終えた教員をスキル教育担当者にあてました。

(2)　TTで後継者育成

　授業においては，1人で担当させるのではなく，TTで実施しています。そうすることで，スキル教育担当者のOJTとなっています。この点については，次年度以降の後継者

育成という視点や，出張や年休などにより授業が自習となってしまうことを防ぐうえでも効果的な方法です。

(3) 全教師対象の校内研修会でカウンセリング演習

長期休業期間には，校内研修会で全教員を対象としたカウンセリング演習を実施しています。スキル教育の授業については，オープン参観の機会を設けて校内での共通理解を深める工夫が見られました。教育委員会訪問時の公開授業・研究授業にも積極的にスキルの授業を実践していくことをとおして，学校としての研究を着実に深めています。

(4) 任意団体の研修会に参加

他方，任意団体の各種カウンセリング研修会に参加することも研修を深めていくのに有効な方法です。そこでは，参加した教員自身が，演習をとおして体験的にカウンセリング技法を学び，スキル教育における指導技術の向上を図ることが可能です。このほかにも，書籍や各方面から刊行されている資料を収集し，実際にやってみることも授業プログラムを増やすために必要な研修となっています。

(5) 日常的な授業改善

さきの2校では，スキル教育担当者が授業の打ち合わせをすることで日常的な研修を積み重ねています。とくに鷲宮町立東中学校では，授業準備に複数の教員がかかわるので，結果的に教材研究のよい機会となりました。授業後には，各担当者が，それぞれ気づいた課題についての確認や検討を行います。このことが，次年度へ向けてのプログラム内容等の見直し・検証の機会となります。このように指導と評価の一体化を図っていくことが大切です。

よりよい授業づくりには，外部の客観的評価や専門家の的確な指導が必要です。心理教育の専門家はいますが，学校経営，教育課程編成，教育評価等の視点をもって指導できる人材は多くはありません。外部講師を招聘しての研修では人選がむずかしいのが現状であり，課題となっています。埼玉県教育心理・教育相談研究会では，そのためのスキル教育研修会を実施しています。

第2章 教育課程導入マニュアル

第3節 評価などの実践上の留意点

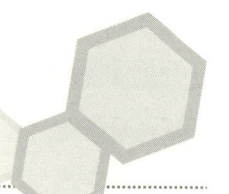

●実践上の留意点と評価の方法

複数の実践校の報告から，次のような具体的工夫が見られました。

- 授業内容の振替は行わないようにする。
- ロールプレイの台詞は，担当者で事前に十分な確認をしておく。
- 授業内容によっては，無理強いせずに見学（観察者役）を認めていく。
- 担当者は，学級担任と十分に事前打ち合わせをしておく。
- 授業で使用するワークシート等はスキル教育担当者が準備する。
- 評価は，スキル教育担当者が中心となり進めていく。

授業の評価方法については，毎時間の授業における「ねらい」が達成できているかを観察，ワークシートの記入内容，振り返りシートの自己評価などを基盤として行っていきます。自己評価は4段階評定を基本とし，自由記述内容にも配慮をしていきます。評価者は，授業担当者ですが，学級担任の評価も加味して客観性を高めていくことが必要です。

評価の実際については，総合的な学習の時間や特別活動の記録のように記述で通知票に表記します。

〔スキル教育の評価例〕

- あいさつやマナー，時と場に応じた正しい言葉遣いを学び，理解し，実践することができるようになった。とくに目上の人との接し方に自信がもてるようになった。
- 相手の意見を聞いて尊重しながら，自分の意見も主張できるようになった。友達に嫌なときは嫌だときっぱり言うことができるようになった。
- 人に対して自分を任せたり，任されたりすることで，学級のメンバーのあたたかさを知ることができた。人の気持ちを考え，協力し合う楽しさを感じることができるようになった。

（第2章　中村豊，柳久美子）

第3章

教育課程に位置づけた実践

第3章 教育課程に位置づけた実践

第1節 学校課題研究に取り入れて進めた実践・小学校

上尾市立東町小学校

　ひと昔前まで，子どもたちは，近所の異年齢の子どもたちと集団での遊びを空き地のそこここで展開し，社会性をひとりでに学び，身につけていました。また「大家族」や「地域コミュニティ」の中で，子どもたちは大人になるための「体験」を十分にこなしていました。

　つまり現代の子どもたちは，以前なら当たり前に身につけていたもの，人間関係のつくり方，他人や自分の気持ちとの折り合いのつけ方等々，生きるための術を学ぶ機会を失ってしまったのです。これらをひとりでに身につけた世代の保護者に「教えてください」と言ってもむずかしいことです。さらには，すでに身につけ損なってしまった世代が保護者になっているのです。

　本校では，年々加速する子どもたちの社会性欠如に起因するトラブルの対応に追われる中，これらの力が身についていないことを嘆くよりも，欠如している社会性を積極的に学校で教えていこうという発想で，ソーシャルスキル教育の導入を図りました。

1. ソーシャルスキル教育への道のり

●本校が取り組んだ理由

　本校が取り組んだ理由の第一は，子どもたちの実態です。人の話が静かに聴けない，子ども同士のトラブルの多発，身のこなしや姿勢の悪さ・けがの多発，いじめや不登校の増加，キレやすく自分の感情を収められない，何事も他人のせいにするわがまま思考等々。いまではどこの学校でも，程度の差こそあれ，普遍的な課題になっていると思われます。

　第二には，積極的な生徒指導への挑戦です。さきに述べたような子どもたちが社会性を身につけないまま中学生，さらには大人になったとき，当然学校や社会に対する重篤な不

適応を起こし，生涯にわたって大きな課題を引きずることになろうことは容易に推測できます。本校では，課題の根っこのほとんどは「体験不足のために，人間関係のつくり方，修復の仕方，折り合いのつけ方がわからない」ということではないかと考えました。

かつて中学校勤務経験のある筆者にとって，生徒指導に費す空しく際限のないエネルギーを考えたとき，小学生の時期に，社会性の基礎をしっかりと身につけさせることこそ「積極的な生徒指導」であると痛感したのです。

● ソーシャルスキル教育への階段

本校ではソーシャルスキル教育を取り入れるにあたって，大まかには以下のような流れで進めていきました。

〔準備－平成16年度まで－〕

(1) ソーシャルスキル教育って何？
(2) ソーシャルスキル教育ってどうするの？
(3) 全校で継続して取り組むための土台づくり
 ・教育課程への位置づけ
 ・年間指導計画の作成
 ・学校課題研修への組み込み
 ・研修計画の策定と実践

本校では上記の順序で職員の理解と協力をまとめ，平成16年度の3学期までに上記の準備のほとんどを終えることができました。これを毎年繰り返していきます。

〔実施と研究－平成17年度以降－〕

平成16年度末には，埼玉県教育委員会から，「生きる力」をはぐくむ教育の推進のために「教育に関する3つの達成目標」が示されました。それは，学習指導要領に基づき，『学力』『規律ある態度』『体力』の3分野について基礎的・基本的な内容を具体的な目標として設定したものであり，平成17年度4月より各学校において，独自の実践に取り組むことになっていました。

そこで本校においては，すでに準備が開始されていたソーシャルスキル教育を『規律ある態度』の育成の手段として活用することにしました。

指導者は児童の実態を把握している担任，指導の対象は全児童と決め，事実上は平成17年度から校内の課題研修の一環として，研究と同時に授業もスタートしました。

第3章 教育課程に位置づけた実践

●ソーシャルスキル教育って何？ 〔平成16年度〕

　最初は筆者（当時校長）が指導者となり，研修の一環として，わかりやすい言葉で，「これからの子どもたちにソーシャルスキル教育が必要不可欠であること」「日ごろわれわれが指導している内容の一部であること」「むずかしくないこと」「効果が期待できること」等を講義形式で伝えました。

　当初「ソーシャルスキル教育」という知らない言葉に初めてふれた職員たちの不安は大きく，導入には消極的にみえました。しかし理解が進み，有効性に対する期待が大きくなると，「積極的にやってみよう」という気運が高まり始めました。

　次に埼玉県立教育センターより講師を招き，体系的なソーシャルスキル教育についての職員研修を実施し，学校全体で取り組みをスタートさせる足並みをそろえました。

●ソーシャルスキル教育ってどうするの？ 〔平成17年度：全校実施開始〕

　次にソーシャルスキル教育の授業を教師一人一人が行うための研修や準備に取り組みました。まず平成17年度スタート時には指導者を招聘し，本校職員が生徒になり，ソーシャルスキル教育の模擬授業を展開していただきました。熱心な質問も飛び交い，職員もソーシャルスキル教育の授業がむずかしいものではないこと，日ごろの指導の延長上にあることなどに気づき，ソーシャルスキル教育に親しみを感じるようになっていきました。

　授業の指導案や教材は，先進校の資料，埼玉県教育心理・教育相談研究会の資料，各種の関連図書等を参考に既存の指導案をそのまま活用したり，クラスの実態に即して少し手を加えたりと，なるべく少ないエネルギーで実践できる工夫をしました。

　研修担当の教員は，埼玉県立教育センターで土曜日に開設しているソーシャルスキル教育の講座に申し込み，自主的に研修を受け，実践力をつけました。

●全校で継続して取り組むための土台づくり

①教育課程への位置づけ

　まず，教育課程への位置づけとしては，すでにある教科領域を見直し，最低限必要なソーシャルスキルの題材を選び，全学年が，年間を通して10時間実施することにしました。1～2年生は，道徳，特活，生活科よりあわせて10時間を捻出しました。3～6年生は，総合的な学習の時間より10時間をあてることにしました。

②年間指導計画の作成

次に，年間指導計画は，それぞれの学年で，学年児童の実態に合わせて作成しました（次頁以降の単元表参照）。その手順としては，それぞれの学年の児童の実態に合わせるために，この際，学校全体の調和等は考慮せず，とにかく計画を立ててみました。するとどの学年にも「あいさつ」「上手な聞き方」がねらいに掲げられ，本校児童の課題が明確になってきました。そこで，同じ題材であっても発達段階に応じて，レベルを変える等の配慮をしていきました。とくに，前年度末（3月）までに，現在担当している教師が，担当学年の児童の様子を見ながら，責任をもって来年度の指導計画を作成し，4月からすぐにスタートできるよう準備しておくこととしました。

③学校課題研修への組み込み

平成17年度は，11月に上尾市教育委員会の算数の委嘱研究の発表会が予定されており，まとめの段階に入っていました。研究を始めたばかりのソーシャルスキル教育についても，できたところまで発表しようということになりました。

発表までの期間は，低学年がソーシャルスキル教育の研究のイニシアチブを取り，発表当日の研究授業を2学年が担当することになりました。研究と授業実践は算数とソーシャルスキル教育がほぼ同時進行していたのですが，研究発表という具体的な目標が迫っていたために，ソーシャルスキル教育の研究が飛躍的に進みました。

④平成18年度以降の研修計画の策定と実践

翌平成18年度の校内課題研修は，算数から国語に移ったものの，ソーシャルスキル教育は，国語と並行して継続研究することにしました。そこでこの平成18年度は昨年の実践を踏まえ，微調整のみを行い，余裕をもってスタートすることができました。

しかし人事異動等により，ソーシャルスキル教育に初めて出合う教員が，平成18年度は11人，19年度は9人いて，実践を積み重ねることのむずかしさに直面しました。これに対し，詳しい説明と経験者による研究授業，夏休みの研修を充実させることで，スタートラインに戻るのではなく，積み重ねによるレベルアップができるように努めました。

これらによって，学年主任をリーダーとして，授業を中心とした研究は思ったよりもスムーズに進行しました。数年前に経験した「全員が初めて」という状態とはまったく異なった展開になっていきました。初めて出合った教員でも，実際の授業を見て，すでに作成してある指導案の検討段階からスタートできるのです。同様の理由から，年度を重ねるにつれ，さらにレベルアップした授業展開ができるものと期待しています。

第3章 教育課程に位置づけた実践

表1-1　年間カリキュラム一覧　〔小学1年　道徳・特活・生活〕（上尾市立東町小学校）

[1学期]

	テーマ・関連教科	学習内容（ねらい，目標とするスキル，学習活動）
4月 2h	自己紹介 学級活動「1年生になって」	〈ねらい〉自分のことを知ってもらう心地よさと，相手を知ることで湧く親近感を味わう。 〈スキル〉紹介したいことを選ぶ。／聞こえる声で話す。 〈学習活動〉自分の話したいことを考え，友達の前で話をする。
5月 1h	気持ちのよいあいさつ 道徳「明るいあいさつ」	〈ねらい〉あいさつの仕方を身につけ，気持ちのよいあいさつを体験することで，心地よさを味わい，進んであいさつできるようにする。 〈スキル〉相手の顔を見て言う。／心がこもっている。 〈学習活動〉絵を見ながら，一日の生活を楽しくするあいさつを考える。
6月 1h	仲間の誘い方 学級活動	〈ねらい〉友達の誘い方のスキルを学び，楽しく遊ぶ。 〈スキル〉聞こえる声で言う。／だれにでも「一緒に遊ぼう」と言う。 〈学習活動〉グループで1人ずつ，友達を誘う練習をする。／誘う人を自分で見つけて声かけし，いろいろ握手をする。
7月 2h	上手な聴き方 国語「すきなもの教えて」	〈ねらい〉受容的に話を聴いてもらう心地よさを体験することで，その大切さを理解する。 〈スキル〉うなずきながら話を聴く。／最後まで話を聴く。 〈学習活動〉いろいろな相づちをたくさんあげて，相手を受け入れるものと拒否するものとに分ける。／「そうだねゲーム」をする。

[2学期]

	テーマ・関連教科	学習内容（ねらい，目標とするスキル，学習活動）
9月 1h	上手な話し方 国語「みんなにしらせたいこと」	〈ねらい〉伝えたいことをはっきりさせて聞き手にわかりやすく話す。また友達の話を注意深く聴く。自分をわかってもらうきっかけをつくる。 〈スキル〉メモを生かして話す。／相手の目を見ながら聴く。 〈学習活動〉宝物は何か，なぜ大切なのかを考えてメモに書く。／みんなの前で発表する。
12月 1h	あいさつ 学級活動「楽しい冬休み」	〈ねらい〉年末年始のあいさつの仕方を身につけ，学校の外でも気持ちのよいあいさつが進んでできるようにする。 〈スキル〉心を込めて，相手の顔を見て言う。 〈学習活動〉年末年始のあいさつを練習する。

[3学期]

	テーマ・関連教科	学習内容（ねらい，目標とするスキル，学習活動）
1月 1h	質問の仕方 国語「おみせやさんごっこをしよう」	〈ねらい〉聞きたいことを明確にして，ハッキリ質問する。／質問してもよいか相手の都合を確認する。／お礼を言うことができる。 〈スキル〉相手の都合を確認する。／聞きたいことを明確にしてわかりやすく質問する。／目を見てお礼を言う。 〈学習活動〉質問に答えられるような商品を考え，お店屋さんごっこをする。
3月 1h	仲間の誘い方 学習活動「もうすぐ2年生」	〈ねらい〉2年生になって，スムーズにスタートができるように学年全体で交流活動を行い，だれにでも上手な誘い方ができるようにする。 〈スキル〉相手に近づく。／相手をきちんと見る。／聞こえる声で言う。／笑顔で言う。／だれにでも「一緒に遊ぼう」と言う。 〈学習活動〉二人組，四人組，八人組と増やしていく。／自己紹介，なかよしミラーのゲームをする。

表1-2　年間カリキュラム一覧〔小学2年　道徳・特活・生活〕（上尾市立東町小学校）

[1学期]

	テーマ・関連教科	学習内容（ねらい，目標とするスキル，学習活動）
4月 2h	自己紹介 学級活動「2年生になって」	〈ねらい〉自分を知ってもらえる気持ちよさと，相手を知ることで湧く親近感を味わう。／〈スキル〉自分のいいところを探し，紹介したいことを選ぶ。／聞こえる声で話す。／〈学習活動〉自己紹介のメモをもとに，隣の人と自己紹介の練習をする。／聞いている人は，友達の自己紹介のよいところを話す。／1年生で同じ組でなかった人を見つけて自己紹介し合う。
5月 1h	気持ちのよいあいさつ 道徳「あいさつがきらいな王様」	〈ねらい〉あいさつの仕方を身につけ，気持ちのよいあいさつを体験することで，心地よさを味わい，進んであいさつできるようにする。／〈スキル〉だれにでもあいさつできる。／元気な声であいさつする。／〈学習活動〉気持ちのよいあいさつの仕方をモデリングを見て話し合う。／気持ちのよいあいさつの練習をする（2人で→グループで）。／あいさつがんばりカードに記録する。
6月 2h	質問する「おしえてください」 生活「町を探検しよう」	〈ねらい〉適切な質問の仕方を身につけ，相手にいい気持ちで協力してもらえるようにする。／〈スキル〉あいさつする。／質問してもよいか相手の都合を確認して，質問する。／お礼を言う。／〈学習活動〉質問を考える。／相手に気持ちよく答えてもらうために気をつけることを話し合う。／グループごとに練習する。／生活科の「町探検」で質問する。
7月 1h	上手な断り方 学級活動「友達と仲よくしよう」	〈ねらい〉相手の気持ちや事情を考えて，断る方法を学び生活に生かす。／〈スキル〉断りの言葉の内容を知る。／心を伝える話し方ができる。／〈学習活動〉2つの断り方（攻撃的・非主張的）のどこが悪いか考える。／いい断り方を，ワークシートに書いてみる。／断っても友達でいられる言い方を，話し合う。／二人組で練習し，交代してどちらも断る役を体験する。／4人グループで，断る役，断られる役，見ている役に分かれ，交代で練習する。／振り返って感想を述べ合う。

[2学期]

	テーマ・関連教科	学習内容（ねらい，目標とするスキル，学習活動）
10月 1h	上手な聴き方「元気の出る聴き方」 国語「ことばであそぼう」	〈ねらい〉受容的に話を聴いてもらう心地よさを体験することで，その大切さを理解する。／〈スキル〉相手を受け入れながら聴くことのよさを知る。／笑顔で最後まで話を聴く。／〈学習活動〉いろいろな相づちをたくさんあげて，相手を受け入れるものと拒否するものとに分ける。／教師がよい聴き方と悪い聴き方をやってみせて，「3つのルール」を説明する。／二人一組になって，簡単な話をしたり，聴いたりする。／やってみて，気づいたことから新しいルールを見つける。
11月 1h	あたたかい言葉かけ 学級活動「みんな仲よく」	〈ねらい〉あたたかい言葉をかけ合う体験を通して，その心地よさを味わい，進んで仲間を誘えるようにする。／〈スキル〉あたたかい言葉かけをする。／〈学習活動〉いいとこさがしカードを交換して，あたたかい言葉に直して声をかける。
12月 1h	あいさつ 道徳「ふえをふいて」	〈ねらい〉年末年始のあいさつの仕方を身につけ，学校の中でも外でも，また初対面の人にも，気持ちのよいあいさつが進んでできるようにする。／〈スキル〉はっきり言う。／心がこもっている。／声の大きさがちょうどいい。／〈学習活動〉普段の自分のあいさつの仕方を思い出す。／感じのよいあいさつの仕方について，モデリングを見て話し合う。／年末年始のあいさつの仕方を練習する。

[3学期]

	テーマ・関連教科	学習内容（ねらい，目標とするスキル，学習活動）
2月 1h	上手な話し方「たずねよう答えよう」 生活「あしたへジャンプ」	〈ねらい〉伝えたいことをはっきりさせて，聞き手にわかりやすく話す。また，友達の話を注意深く聴き，上手にコミュニケーションがとれるようにする。／〈スキル〉聞き手を見て話す。／話の内容と順序を考える。／うまくたずねたり答えたりする。／〈学習活動〉カードに書いた「もの当てゲーム」をする。／二人組になって，問題を出す，答える等の役割を決める。／質問に対する返事をしっかりと聴いて，つながりをよく考えて次の質問をする。／はっきりとたずねたり答えたりして，カードに書かれた名前を当てる。

第3章 教育課程に位置づけた実践

表1-3 年間カリキュラム一覧 〔小学3年 総合〕 （上尾市立東町小学校）

[1学期]

時間数	テーマ	学習内容（ねらい，目標とするスキル，学習活動）
2	自己紹介「いいとこさがし」	〈ねらい〉自分のよいところを把握し伝えることに慣れ，自分を知ってもらう気持ちよさと相手を知ることで湧く親近感を味わう。 〈スキル〉自分のいいところを探す。／紹介したいことを選ぶ。 〈学習活動〉ワークシートに書いた自己紹介の原稿をもとに，グループ内で自己紹介の練習をする。／聞いている人は友達の自己紹介のよいところ，新しく発見したことをメモしておき，後で交流し合う。／友達，家の人，先生に自分のよいところを記入してもらう。
1	あいさつ	〈ねらい〉あいさつの仕方を身につけ，よいあいさつを体験することで，心地よさを味わい，進んであいさつができるようにする。 〈スキル〉相手の目を見て言う。／元気な声ではっきりとあいさつする。 〈学習活動〉あいさつの働き，重要性を認識する。／あいさつの仕方を確認する。／いろいろなあいさつを実際にやってみる。／あいさつできないことがあることを確認し，考える。

[2学期]

時間数	テーマ	学習内容（ねらい，目標とするスキル，学習活動）
1	上手な聴き方	〈ねらい〉受容的に話を聴いてもらう心地よさを体験することで，その大切さを理解する。 〈スキル〉うなずきながら話を聴く。／相手の目を見ながら聴く。／最後まで話を聴く。 〈学習活動〉いろいろな相づちをあげ，相手を受け入れるものと拒否するものとに分ける。／「そうだね」ゲームをする。①二人組になって向かい合う。②1人が教室にあるものを指差し「あれは○○だね」と言う。もう1人は「そうだね」と答える。③これを交代で行う。
1	気持ちをわかって働きかける	〈ねらい〉共感の経緯を知り体験することで，他者とともに生き他者を愛する心を育てる。 〈スキル〉相手の立場に立って自分の気持ちを表現する。／自分の気持ちを言葉や動作で表す。 〈学習活動〉相手の様子を観察することが気持ちを理解するために大切であることを思い出す。／同じように共感してもらってうれしかったことの経験を話し合う。／相手の気持ちをわかって働きかけるための必要なポイントについて話し合う。
2	あたたかい言葉	〈ねらい〉あたたかい言葉とは何かを知り，その言葉をかけられる経験を通してよさを味わう。 〈スキル〉相手に近づく。／相手をきちんと見る。／あたたかい言葉が「相手の様子＋感情語」からなることがわかる。 〈学習活動〉自分の発する言葉が，相手にどんな影響を与えるかに気づく。／「ほめる」「励ます」「心配する」「感謝する」などの優しい言葉かけを状況に応じて使えるようにする。／あたたかい言葉かけができると，相手の気持ちをよくして関係を深めることができることを知る。

[3学期]

時間数	テーマ	学習内容（ねらい，目標とするスキル，学習活動）
1	上手な頼み方	〈ねらい〉相手の気持ちや立場を尊重しながら，お願いする方法を身につける。／頼み方が上手になるだけでなく，聞き入れてもらうことのありがたさがわかる。 〈スキル〉頼みごとの理由を述べる。／具体的な要求を述べる。／心を伝える話し方（相手に近づく・相手をきちんと見る・聞こえる声で言う・笑顔で言う）で頼む。 〈学習活動〉気持ちよく引き受けてもらうために，大切な3つのことを思い出す。①「どのように頼めばいいだろう」という問題意識。②頼みごとをしなければならない理由。③何を頼みたいか具体的な自分の要求。／モデリングを見て，適切な頼み方をするために必要なポイントを話し合う。／適切な頼み方を考えて，ワークシートに書き込む。／四人組になっていろいろな場面で頼み方を考えて試してみる。／見ている児童は〔心を伝える話し方〕ができていたかチェックシートでチェックしアドバイスする。／うまくできたところ，むずかしかったところを書く。
2	上手な断り方	〈ねらい〉従属的な人間関係に陥ったりしないよう，断る方法とその正当さを学ばせる。 〈スキル〉断り方の種類（攻撃的・非主張的・主張的）を知る。／断りの言葉の内容（謝罪＋理由＋断りの表明＋代わりの意見）を知る。 〈学習活動〉いつでも要求を受け入れていると困ったことが起きることに気づく。／2つの断り方（攻撃的・非主張的）はどこがいけないのか考える。／断っても友達でいられるような断り方を話し合う。／相手を傷つけない断り方を考え，「ことわり方カード」に書き込む。／二人組で練習する。／断られた人は評価し，よかったところを見つける。／感じたことを2人で話し，みんなに紹介する。代表の二人組が演じる。／上手に言えているところを中心に感想を述べ合う。

表1-4　年間カリキュラム一覧　〔小学4年　総合〕　（上尾市立東町小学校）

[1学期]

時間数	テーマ	学習内容（ねらい，目標とするスキル，学習活動）
2	自己紹介「いいとこさがし」	〈ねらい〉自分のよいところを把握し伝えることに慣れ，自分を知ってもらう気持ちよさと相手を知ることで湧く親近感を味わう。／〈スキル〉自分のいいところを探す。／紹介したいことを選ぶ。／〈学習活動〉グループ内で自己紹介の練習をする。／友達の自己紹介のよいところをメモして交流し合う。／自分のいいところを記入してもらう。／いいとこさがしをして感じたことを書く。
1	あいさつ	〈ねらい〉よいあいさつを体験して心地よさを味わい，進んであいさつができるようにする。／〈スキル〉相手の目を見て言う。／元気な声ではっきりとあいさつする。／〈学習活動〉モデリングを見て元気よくはっきりあいさつすると気持ちがよいことに気づく。／二人組であいさつしてみる。／近所の人や先生に出会ったときのあいさつの仕方をグループで練習する。／振り返りカードを書き発表し合う。

[2学期]

時間数	テーマ	学習内容（ねらい，目標とするスキル，学習活動）
1	上手な聴き方	〈ねらい〉受容的に話を聴いてもらう心地よさを体験することで，その大切さを理解する。／〈スキル〉相手を受け入れながら聴くことのよさを知る。／〈学習活動〉いろいろな相づちをあげて相手を受け入れるものと拒否するものとに分ける。／「そうだねゲーム」をする。①二人組になって向かい合う。②1人が教室にあるものを指差して「あれは○○だね」と言う。もう1人は「そうだね」とにこやかに答える。③交代で行う。
1	気持ちをわかって働きかける	〈ねらい〉共感の経緯を知り体験することで，他者とともに生き他者を大切にする心を育てる。／〈スキル〉相手の立場に立って自分の気持ちを表現する。／〈学習活動〉相手を観察することが大切であることを思い出す。／共感してもらってうれしかった経験を話し合う。／相手の気持ちをわかって働きかけるためのポイントについて話し合う。
1	ありがとうっていいな	〈ねらい〉「ありがとう」と伝えることで，相手にも自分にも快い気持ちが起こることを体験する。あいさつは人間関係を円滑にして気持ちよく過ごすことにつながることを知る。／〈スキル〉聞こえるように言う。／相手の顔を見る。／〈学習活動〉友達のいいところ，優しいところを思い出して，「ありがとうカード」を書く。自分が思ったときに「ありがとう」の気持ちをしっかりと伝えられたか振り返る。／どう言ったら感謝の気持ちが伝わるか考える。／グループの人に実際に言い合ってみる。
1	あたたかい言葉	〈ねらい〉あたたかい言葉とは何かを知り，その言葉をかけられる経験を通してよさを味わう。／〈スキル〉相手を見る。／あたたかい言葉が「相手の様子＋感情語」からなることがわかる。／〈学習活動〉自分の発する言葉が相手にどのような影響を与えるか考える。／「ほめる」「励ます」「心配する」「感謝する」などの優しい言葉かけを状況に応じて使えるようにする。／あたたかい言葉かけができると，相手の気持ちをよくして関係を深めることができることを知る。

[3学期]

時間数	テーマ	学習内容（ねらい，目標とするスキル，学習活動）
1	上手な頼み方	〈ねらい〉相手の気持ちや立場を尊重しながら，お願いする方法を身につける。／頼み方が上手になるだけでなく，聞き入れてもらうことのありがたさがわかる。／〈スキル〉頼みごとの理由を述べる。／心を伝える話し方（相手に近づく・相手をきちんと見る・聞こえる声で言う・笑顔で言う）で頼む。／〈学習活動〉気持ちよく引き受けてもらうために，大切な3つのこと。①「どのように頼めばいいだろう」という問題意識。②頼みごとをしなければならない理由。③何を頼みたいのか具体的な自分の要求。／モデリングを見て，適切な頼み方に必要なポイントを話し合う。／ワークシートに書き込む。／四人組でいろいろな場面の頼み方を試してみる。／〔心を伝える話し方〕ができているかチェックしアドバイスする。／うまくできたところ，むずかしかったところを書く。
2	上手な断り方	〈ねらい〉従属的な人間関係に陥ったりしないよう，断る方法とその正当さを学ばせる。／〈スキル〉断り方の種類（攻撃的・非主張的・主張的）を知る。／断りの言葉の内容（謝罪＋理由＋断りの表明＋代わりの意見）を知る。／〈学習活動〉いつでも要求を受け入れていると困ったことが起きることに気づく。／2つの断り方（攻撃的・非主張的）はどこがいけないのか考える。／断っても友達でいられるような断り方を話し合う。／相手を傷つけない断り方を考え，「ことわり方カード」に書き込む。／二人組で練習する。／断られた人は評価し，よかったところを見つける。／感じたことを2人で話し，みんなに紹介する。代表の二人組が演じる。／上手に言えているところを中心に感想を述べ合う。

第3章 教育課程に位置づけた実践

表1-5　年間カリキュラム一覧　〔小学5年　総合〕　（上尾市立東町小学校）

［1学期］

時間数	テーマ	学習内容（ねらい，目標とするスキル，学習活動）
2	自己紹介「友達をふやそう」	〈ねらい〉自分のよいところを把握し，伝えることに慣れ，自分を知ってもらう気持ちよさと相手を知ることで湧く親近感を味わう。 〈スキル〉自分のいいところを探す。／聞こえる声で話す。／表情豊かに話す。 〈学習活動〉ワークシートに書いた自己紹介の原稿をもとに，グループ内で自己紹介の練習をする。／聞いている人は友達の自己紹介のよいところ，新しく発見したことをメモしておき，後で交流し合う。
1	あいさつ	〈ねらい〉あいさつの仕方を身につけ，いいあいさつを体験することで心地よさを味わい，進んであいさつができるようにする。 〈スキル〉相手の目を見て言う。／元気な声ではっきりとあいさつをする。 〈学習活動〉同じあいさつでも言い方によって相手の受け取り方が違うことに気づく。／どんな言い方をするのか考える。／隣の人やグループの人とあいさつをする。／上手にできている子のどんなところがよかったかを発表する。／「気持ちのよいあいさつ」を実際にやってみる。／いろいろなあいさつをする。
2	「ありがとう」っていいな	〈ねらい〉「ありがとう」と伝えることで，相手にも自分にも快い気持ちが起こることを体験する。あいさつは人間関係を円滑にして気持ちよく過ごすことにつながることを知る。 〈スキル〉聞こえるように言う。／相手の顔を見る。／笑顔で言う。 〈学習活動〉友達のいいところ，優しいところを思い出して，「ありがとうカード」を書く。／自分が思ったときに「ありがとう」の気持ちをしっかりと伝えられたかを振り返る。／どう言ったら感謝の気持ちが伝わるかを考える。／グループの人に実際に言い合ってみる。

［2学期］

時間数	テーマ	学習内容（ねらい，目標とするスキル，学習活動）
1	上手な聴き方「うまく伝わるかな」	〈ねらい〉事柄を人に伝えたり，受け取ったりする能力について考える。 〈スキル〉相手の表情を見ながら聞くことのよさを知る。／質問することのよさを知る。 〈学習活動〉ペアになって送り手と受け手に分かれ，図形を言葉だけで伝える。／言葉だけで説明された図形をもとに，説明時に何を伝えるとよいか，聞き取り時に何を知ることが大切かを考える。
1	上手な聴き方「そうだねゲーム」	〈ねらい〉受容的に話を聴いてもらう心地よさを体験することで，聴いていることを態度で表現することの大切さに気づく。 〈スキル〉うなずきながら話を聴く。／相手の目を見ながら聴く。／笑顔で話を聴く。 〈学習活動〉ペアになり，教室にあるものを指して「これは○○だね」と言い，「そうだね」と答える。／今度はうなずきながら「そうだね」と答える。／「私は○○が得意です」に対し，表情や動作を工夫しながら「そうだね」と答える。／感想を出し合う。
2	わたしのニュースを聞いて	〈ねらい〉本を読むような話し方と伝えるための話し方の違いを理解し，実際にできるようにする。 〈スキル〉聞き手を見て話す。／わかりやすく区切って間をとる。 〈学習活動〉ニュース番組を視聴する。／ニュースキャスターが工夫していることを見つける。／ペアで短い原稿を読む練習をする。「私は○○が得意です」に対し，表情や動作を工夫しながら，「そうだね」と答える。／感想を出し合う。

［3学期］

時間数	テーマ	学習内容（ねらい，目標とするスキル，学習活動）
1	現実に必要なもの	〈ねらい〉お互いに価値観の違いがあることを理解し，相互理解を深めようとする態度を育てる。 〈スキル〉相手を受け入れながら聴く。／価値観の違いを認める。 〈学習活動〉宇宙で必要なものと必要でないものを選ぶ。／より必要なものを選ぶ。／グループ内で考え，そのわけを発表する。

表1-6　年間カリキュラム一覧　〔小学6年　総合〕　（上尾市立東町小学校）

[1学期]

時間数	テーマ	学習内容（ねらい，目標とするスキル，学習活動）
2	自己紹介「友達ふやそう」	〈ねらい〉自分のよいところを把握し伝えることに慣れ，自分を知ってもらう気持ちよさと相手を知ることで湧く親近感を味わう。 〈スキル〉自分のいいところを探す。／聞こえる声で話す。／表情豊かに話す。 〈学習活動〉ワークシートに書いた自己紹介の原稿をもとに，グループ内で自己紹介の練習をする。／聞いている人は友達の自己紹介のよいところ，新しく発見したことをメモしておき，後で交流し合う。
1	あいさつ	〈ねらい〉あいさつの仕方を身につけ，いいあいさつを体験することで心地よさを味わい，進んであいさつができるようにする。 〈スキル〉相手の目を見て言う。／元気な声ではっきりとあいさつをする。 〈学習活動〉同じあいさつでも言い方によって相手の受け取り方が違うことに気づく。／どんな言い方をするのか考える。／隣の人やグループの人とあいさつをする。／上手にできている子のどんなところがよかったかを発表する。／「気持ちのよいあいさつ」を実際にやってみる。／いろいろなあいさつをする。

[2学期]

時間数	テーマ	学習内容（ねらい，目標とするスキル，学習活動）
2	ありがとうっていいな	〈ねらい〉「ありがとう」と伝えることで，相手にも自分にも快い気持ちが起こることを体験する。あいさつは人間関係を円滑にして気持ちよく過ごすことにつながることを知る。 〈スキル〉聞こえるように言う。／相手の顔を見る。／笑顔で言う。 〈学習活動〉友達のいいところ，優しいところを思い出して，「ありがとうカード」を書く。自分が思ったときに「ありがとう」の気持ちをしっかりと伝えられたか振り返る。／どう言ったら感謝の気持ちが伝わるか考える。／グループの人に実際に言い合ってみる。
1	上手な聴き方「うまく伝わるかな」	〈ねらい〉事柄を人に伝えたり，受け取ったりする能力について考える。 〈スキル〉相手の表情を見ながら聴くことのよさを知る。／質問することのよさを知る。 〈学習活動〉ペアになって送り手と受け手に分かれ，図形を言葉だけで伝える。／言葉だけで説明された図形をもとに，説明時に何を伝えるとよいか，聞き取り時に何を知ることが大切かを考える。
1	上手な聴き方「積極的な話の聴き方」	〈ねらい〉上手な話の聴き方を身につける。 〈スキル〉うなずきながら話を聴く。／相手の顔や表情を見ながら聴く。／最後まで聴く。 〈学習活動〉よい聴き方と悪い聴き方のモデルを見る。／ペアになって「聴き名人」を目ざして練習する。／聴き手にちゃんと聴いてもらえたと思うことを発表する。／感想を発表し合う。

[3学期]

時間数	テーマ	学習内容（ねらい，目標とするスキル，学習活動）
1	わたしのニュースを聞いて	〈ねらい〉本を読む話し方と伝えるための話し方の違いを理解し，実際にできるようにする。 〈スキル〉聞き手を見て話す。／わかりやすく区切って間をとる。／話しかけるように話す。 〈学習活動〉ニュース番組を視聴する。／ニュースキャスターが工夫していることを見つける。／ペアで短い原稿を読む練習をする。
2	わたしのメッセージで伝えよう	〈ねらい〉相手に同調してしまうのでもなく，また，相手を攻撃的に傷つける言い方でもなく，自分の気持ちをきちんと伝えられる言い方を身につける。また，メッセージを交流することで，お互いの考え方や感じ方の違いを知り，認め合う。 〈スキル〉自分の気持ちを正しく伝える。／相手にわかりやすく伝える。／相手を受け入れながら聴く。 〈学習活動〉同じ問いかけでも，答え方や態度でずいぶん違った結果になることを知る。／さまざまなケースでの答え方を考える。／班で交流し合い，いちばんいいものを発表する。／交流を振り返り，感想を発表し合う。

第3章 教育課程に位置づけた実践

2. ソーシャルスキル教育の授業を実践して

● **保護者・教師・児童の受け止め方**

　授業にふれた保護者や教師自身，児童の以下のような受け止め方によって，いっそうの実践に取り組んでいくことができました。

- 平成17年度の算数の委嘱研究の発表当日，算数の研究授業より，ソーシャルスキル教育の研究授業の参観者のほうがはるかに多かった。多くの教師や保護者が高い関心をもっていることを認識できた。
- とくに低学年を中心とした授業研究会で，子どもたちが，実に生き生きと楽しそうに授業に参加している様子を見て，「やってよかった」という充実感をもつことができた。
- 子どもたちは総じてソーシャルスキルの授業が好きである。ロールプレイの場面では，楽しそうに演じている場面に数多く出合うことができた。

● **全校実施3年間の到達点**

　全校でソーシャルスキル教育に取り組み3年が経とうとしています。この間の実践の積み上げをいくつか紹介したいと思います。

- 教師自身の指導力のばらつきが心配されたが，学年主任を中心に，各学年がソーシャルスキルを活用した同一の指導案で学級学活に取り組むなど，マニュアル的手法にも慣れ，初心者も安心して取り組めている（各学年とも4学級並行）。
- 平成19年度は1学期のスタートにあたって研修の時間を取り，学年ごとに指導案を独自に作成し，全校で一斉にソーシャルスキルを活用した学級開きを実施できた。
- ソーシャルスキルの授業に45分の単位時間すべてを使わなくても，短時間で指導できるスキル，例えば「よい聞き方」等を，教科の授業時間の中にスッと差し込む方法等を工夫し，授業研究で試みた。
- 最近では，広汎性発達障害の児童等への積極的対応として，ソーシャルスキル教育を個別に実施したり，集団で実施したりすることにより，効果をあげている。
- 発達障害をもつ児童のソーシャルスキル教育の指導計画については，担任が個別の教育支援計画に添って，身につけるべきスキルを考えて個別に作成する。通級指導を受けている児童には，担当者との連携を図りながら指導計画を作成し，進めている。

3. ソーシャルスキル教育導入の成果と課題

●子どもたちの変化

　ソーシャルスキル教育を導入して3年目。子どもたちに見られる変化を紹介します。
- 1年生のときからスキルを積み上げていると，子ども同士のトラブルが非常に少なくなった。トラブルの当事者以外の児童による好ましいかかわりも見られるようになった。
- 子ども同士のトラブルが減ってくると同時に，児童のけがが激減した。相手のことを考えた行動を取るゆとりが出てきたのかもしれない。
- 低学年ほどスキルの定着率は高いが，発達段階に応じてスキルの内容をレベルアップさせながら，スパイラルに繰り返し継続指導していくことが必要であると感じている。
- 学校訪問の指導者たちから，「学校全体がたいへん落ち着いている」と評価された。たしかにどのクラスもしっかりと授業に取り組み，毎年実施している学力テストの結果にもそれが反映されてきている。全校集会の際もシンと静まり，姿勢もよくなってきた。

●成果につながる分かれ道

　このように，苦労して積み上げてきた実践の成果を教職員ともども実感しています。振り返ると，ここに至るまでにはいくつかのポイントがあったように思っています。

　まず職員一人一人に「一度荒れてしまった学校を健全化することは容易ではない。学校を荒れさせない手立ては予防しかない」としっかりと共通理解を得ることが大前提となります。そして教師一人一人のきめ細かな個別指導や，学校全体で子どもにルールを守らせる徹底した生徒指導を基盤にして，ソーシャルスキル教育を計画的に全校で実施することによって，相乗効果として，より大きな成果を上げることができたと考えています。

　最近，同一校での勤務年数が年々短くなる傾向にあります。校内の活性化に貢献する利点もありますが，生徒指導上大きな不安定要素になってきています。こうした中，教師にとっても，共通の指導案や方法・内容による指導は，時代の要請なのでしょう。

　それと同時に，学校がスキル教育を取り入れなければならない状況は状況として受け止め，教師はマニュアル教師ではなく，児童の実態に即し柔軟な思考ができる人間教師の育成をこれからも図りたいものです。

　　　　　　　　　　　　　　　　　　　　　　（第3章第1節　前校長：河原塚貴美代）

第3章 教育課程に位置づけた実践

第2節 総合的な学習の時間で教育課程に位置づけた実践・中学校

上尾市立西中学校

　本校は，東京まで約40分の通勤圏JR高崎線上尾駅西口周辺に位置し，昭和46年に開校された学校です。学区は，駅から2キロ圏内にわたり，駅周辺のマンションと，戸建て等に居住する生徒がおよそ半数ずつとなっています。敷地は住宅街に隣接しており，大半の生徒が塾に通い，教育熱心で都会的な雰囲気をもつ家庭が多いという特徴があります。生徒数は525名前後を推移する中規模校です。

　教育課程の総合的な学習の時間に，「社会性を育てるスキル教育」（以下スキル教育）を位置づけました。そして「体験的な学習」とそれに必要な「スキル教育」，また本校生徒の社会性で課題になっている部分のスキル教育を年間計画に織り込み（年間20時間余り）継続的に実践しました。

　その結果，規範意識が高まり，授業規律も整い，学級・学校が落ち着き，学力が向上していきました。この一連の取り組みを紹介します。

1. 問題と目的

●生徒の実態・課題

　本校の生徒の大半は，部活動・生徒会活動に対する取り組みは良好で，落ち着いた生活をしています。また，学習に対する意欲は高いものの，反面，生活に関するルール意識に乏しい生徒もおり，過去には授業崩壊・学級崩壊にまで発展することもありました。そのため，教師が生徒指導に要する時間は膨大で，モグラたたきのような後処理的な生徒指導の連続に疲れ切っていました。

　いっぽう，地域の特色として都市型生活を営む家庭が多く，生徒たちの遊びやコミュニケーションの仕方にもそれらが反映されており，集団より個人優先，また交友関係もあまり広くなく，他人に対してやや無関心の傾向も見られました。

生徒の実態を把握する「社会性チェックリスト」(埼玉県立総合教育センター研究報告書第275号より, P.128参照)でも, 校内のきまりを守ろうとする意識や, 自尊感情の低さなどが目立ちました。また, 友人関係にもおいても信頼関係が薄く, 自分を上手に表現できない生徒が多くいました。

そこで, 本校の生徒の課題として, 以下の3点があげられます。

　　ア　きまりを守ろうとする意識が乏しい（自己中心的な生徒が多い）
　　イ　人間関係づくりが苦手な生徒が多い（トラブル解決能力が乏しい）
　　ウ　自分に自信のない生徒が多い（自己理解・他者理解が浅い）

● **取り組みのねらい**

さきにあげた課題は,「教えられていないからできない・体験していないからできない」と考え,「集団生活を通し, 規範意識や自尊感情を高め, 社会性を育てる生徒指導の推進」という研究主題のもと, 具体的な方針として,「社会性を育てるスキル教育や体験学習の充実」を掲げ, 総合的な学習の時間にスキル教育を計画的に取り入れることにしました。

研究の仮説としては, 次の3点を考えました。

(ア) スキル教育を総合的な学習の時間に取り入れて, 計画的に実施し, 体験学習を充実させることにより, コミュニケーション能力・規範意識・自尊感情が高められ, 豊かな社会性を身につけることができる。

(イ) 生徒一人一人の特性や課題を明らかにすることにより, 対人関係や学習への取り組みが改善され, 社会性を育てることができる。

(ウ) 仮説の検証として, アンケート（「社会性チェックリスト」「Q－U」）を実施し, 分析・考察することにより, 新たな課題を発見し, 取り組みの改善の手だてを見いだすことができる。

生徒指導とは, 授業を含む学校生活全般において取り組むものです。授業以外で多くの時間的負担のかかる事後処理的な指導を少しでも減らせるよう, 授業時間においてスキル教育を計画的に実施し, 必要な人間関係をつくる方法を系統立てて教えることを考えました。これは, 開発・予防的生徒指導を推進していくうえで有効であると考えました。

第3章 教育課程に位置づけた実践

2. 実践

●年間計画・教育課程・全体像と考え方〜総合的な学習の時間への導入〜

　本校では，スキル教育を総合的な学習の時間において取り入れていくために，まず，選択と総合の時間数を確認し，さらに総合的な学習の時間の内容を整備・再編成した計画を提案しながら，その中でスキル教育をどう取り入れていくかを検討しました。

　スキル教育の取り入れ方は学年ごとに異なりますが，「従来の学校行事・学年の取り組みを変えることなく有効な手段として取り入れることは適当である」という評価を得て，教育課程検討委員会で検討を重ねました。

　そして，研修会や職員会議で共通理解を図り，具体的な実施計画については，学年ごとに総合的な学習の時間担当を中心に検討し，実施していくことになりました。さらに，総合的な学習の時間における全体計画への位置づけ・年間計画の作成を経て，学校全体で取り組むことを意識し，定着を図るために工夫を重ねました。

　また，学んだスキル教育を，学校内での日常生活だけでなく，学校外での社会生活についても生かしていくための試みとして，各学年2つずつの体験的な学習の場を設け，実践することによって，定着させることができると考えました（表1）。

表1：体験的な学習の場

	1 年	2 年	3 年
体験活動	社会体験チャレンジ（職場体験）	JICA（国際協力機構）訪問	歴史探索（修学旅行）
	自然探索（スキー学校）	上級学校訪問	大使館訪問 ※54頁参照

　これらの「体験的な学習」を柱に，従来の学校行事・学年の取り組み等で必要なスキルに加え，発達段階と時期をふまえたコミュニケーションスキルを組み込むことによってバランスよく配置し，各学年20時間前後のスキル教育の計画を，総合的な学習の時間に組み込みました（表2）。

表2　総合的な学習の時間　年間活動計画（平成20年度）

月	1年	月	2年	月	3年
4	オリエンテーション（2）	4	オリエンテーション（2）	4	オリエンテーション（2）
7	職場体験 発見学習（22） 課題設定：2　事前学習・調査：6 ○実地体験：10 まとめ学習：2　発表学習：2	10	JICA訪問 体験発見学習（28） 課題設定：2　事前学習・調査：13 ○実地調査：6 まとめ学習：5　発表学習：2	5	歴史探索（修学旅行） 体験発見学習（30） 課題設定：2　事前学習・調査：15 ○実地調査：6 まとめ学習：5　発表学習：2
1	自然探索（スキー学校） 体験発見学習（20） 課題設定：2　事前学習・調査：10 ○実地調査：4 まとめ学習：4　発表学習：2	2	上級学校訪問 発見学習（18） 課題設定：2　事前学習・調査：8 ○実地調査：2 まとめ学習：3　発表学習：3	10	大使館訪問 体験発見学習（25） 課題設定：1　事前学習・調査：12 ○実地調査：6 まとめ学習：4　発表学習：2
	生活スキル（15） ●感じのよいあいさつ　マナー① ●上手な話の聴き方　マナー② ★身近な人にインタビューしよう ★「はい」の言い方 ★ものは言い方 ★マナーを身につけよう③ ●音楽会に向けて目標をつくろう ●コラージュ ●頼み方の基本 ●断られた時 ●「20の私」で探る「私は誰か」 ★ものは言い方 ●良いストレスと悪いストレス ●自分のストレス度を知ろう ●友達にたばこを誘われたら 　　　　　　　　　　　　★体験活動		生活スキル（22+4） ●さあ今日から中堅学年 ●こんな学級にしよう ●感じのよいあいさつ ●後輩に優しく接しよう ●目指せ漢字マイスター ●課題をよりよく解決しよう ●善悪の判断を身につけよう ●失敗に学ぶテスト勉強編 ●あなたも清掃マイスター ●上手なコミュニケーション ●相手が話しやすい態度とは？ ●いじめについて考えよう ★ルールマナーを守ろう（JICA訪問） ★そのときどうする（JICA訪問） ★どの人を我が社で採用しようか？ ★態度・マナーをマスターしよう ★訪問時の言葉遣いをマスターしよう ★砂漠の救助リスト ★班の協力性を高めよう ●注意！　ネット生活の落とし穴 ●わたしの大切なもの ●卒業生に感謝の気持ちを伝えよう ＊CAP（子どもの暴力防止教育）4 　　　　　　　　　　　　★体験活動		生活スキル（27） ●最上級生としての心構え ●班の協力性を高めよう ★ルールマナーを守ろう ★班の協力性を高めよう ★その時，どうする？　危機対応 ●学習の悩みを解決する ●自己理解を深める① ●自己理解を深める② ●他者理解を深める ●上手なコミュニケーション ●質問の仕方を身につけよう ●断るべきことはきっぱり断る① ●断るべきことはきっぱり断る② ★マナーを身につけよう ★適切な言葉を身につけよう ●こんな時どうする？① ●高め合う学級づくり ●適切な言葉遣いを学ぼう ●自分を表現しよう① ●自分を表現しよう② ●自分を表現しよう③ ●自己理解を深める③ ●こんな時どうする？② ●こんな時どうする？③ ●感謝の気持ちを表そう ●卒業後の夢と希望 ●明日は卒業式　　　　★体験活動
	共通（11） ふれあい講演2 ※人権教育2　※国際理解教育2 ※健康教育2　※環境教育3		共通（11） ふれあい講演2 ※人権教育2　※国際理解教育2 ※健康教育2　※環境教育3		共通（11） ふれあい講演2 ※人権教育2　※国際理解教育2 ※健康教育2　※環境教育3
	70		85		95

評価規準『総合的な学習の時間』

関心・意欲	情報活用力	表現力	自己の生き方
・課題発見能力	・探究・問題解決能力	・自己表現力	・コミュニケーション能力 ・ソーシャルスキル
○自ら問題点を発見し，解決するまでの道筋を思考することができる。	○課題解決にむけて，必要な情報をさまざまな方法で収集し，取捨選択をしながら整理・活用できる。	○自らが解決した課題を，工夫を凝らしてわかりやすく正確に人に伝えることができる。	○人とのふれあいや出会いなどを通して相手を理解し，自分の考えを表現できる。 ○よりよい生き方をするための技能を身につけることができる。

第3章 教育課程に位置づけた実践

●組織と研修

　スキル教育は，研修主任を中心とし，総合的な学習の時間担当が，年間計画を提案，作成しました。それに基づき，授業は，内容によって，担任が行ったり，カウンセリング研修修了者が行ったりしました。内容によって指導案どおりに進められるものもありますが，カウンセリングの手法を理解していないとわかりにくいものについては，研修主任（埼玉県教育センターによるカウンセリング研修上級修了）が，放課後前もってミニ研修会を開き指導支援しました。TTの形式で行った授業もあります。

　スキル教育の研修については，4年くらい前から，校内研修会で年に1度程度行い，少しずつ職員に対する理解・啓発を進めてきました。内容は，先生方に生徒役になっていただき，実際に授業を受ける体験や，研究授業形式，また外部より講師の先生をお招きして講義や演習を行うといったものです。

　また，学校生活満足度尺度Q-U（河村茂雄著・図書文化社）については，その目的や利用の仕方・応用について校内研修で基本的に理解してもらったうえで実施，学年ごとに事例研修，さらに講師の方をお招きし，講義していただき，さらに実施，応用へと繋げています。利用しているhyperQ-Uは，個人や集団について社会性のどの部分について欠けているか，そのバランスなども診断できるので，次年度のスキル教育の年間教育の内容や，社会性チェックリストの質問項目についての検討資料にも役立てることができました。

　このように，スキル教育については，総合的な学習の時間担当部会・教育課程検討委員会・生徒指導委員会・職員会・学年会などで計画・検討・推進しています。

●実行

　本校におけるスキル教育の授業は，初めスキル教育に関する知識と経験のある教員が，担任として，特活や道徳の時間に年に3時間くらい行っていました。その後職員研修や研究授業などを重ね，2年前からは学年単位で取り組み，今年（平成19年度）からは，総合的な学習の時間年間計画に沿って学校全体で取り組むようになりました。

　本校では，年間計画にしたがってスキル教育が実践できるように，『社会性を育てるスキル教育35時間　中学1～3年生』（清水井一編）の書籍を各学年に配布しました。また，スキル教育を実践していくための参考資料として，構成的グループエンカウンター，アサーショントレーニング，ソーシャルスキルトレーニング，グループワークトレーニング関連の書籍を職員室の一か所にまとめ，いつでも閲覧できるようにしてあります。

ほかにも，実践の際，作成した資料や用具を，いつでもだれでも利用できるように，指導案と併せてまとめています。

● 評価

さて，授業で行うスキル教育には，「ねらい」と「評価」があります。評価としては，それぞれの授業における「ねらい」が達成できているかを観察したり，ワークシートへの記入内容，振り返りシートの自己評価を基盤として行いました。自己評価は4段階評定（よくできた・できた・あまりできなかった・できなかった）を基本としました。また，自由記述欄の内容も考慮し，ワークシート・振り返りシートには，担任の一言コメントを入れ，ファイルに綴じ込ませました。

また，毎学期末に「社会性チェックリスト」（15項目）を行いました。生徒の状況を確認し，できているところ，足りないところをチェックし，次の学期や学年の課題とし，変容を考察しました。

● 生徒たちの様子

総合的な学習の時間に，無理なく位置づけられ実施されたスキル教育は，自然に生徒になじんでいき，取り組みが進めば進むほど，興味・関心も高くなっていきました。仲間とのかかわりが苦手で，そのような機会もほとんど与えられていなかった彼らにとって，最初は渋々ではあったものの，ロールプレイの場面などでは，役割として言ったり・やったりすることで少しずつ抵抗感が和らいでいきました。

またスキル教育は，1時間ごとの授業の「ねらい」がはっきりしており，ねらいを説明することで，「いまなぜ，これをやらなければならないか」が明確になります。それらをやることによって，学校生活・学校行事・進路などに直接役に立つことが実感できるので，生徒の取り組みの姿勢も変わっていったのだと思います。

3. 体験活動と関連づけた実践

本校の特色は，体験活動とスキル教育を関連づけた点です。事前にスキル教育の授業で，学校以外の社会に出たときに必要なことを学び，それを体験先で実際に使ってみます。うまくいけば校外の大人からほめられ，それが学校で学ぶ意欲につながるのです。

第3章 教育課程に位置づけた実践

● 「大使館訪問」の目的〜スキル教育と関連させて〜

　体験活動「大使館訪問」は，国際理解教育をテーマとした総合的な学習として，3年生が全24班に分かれて，18か国の大使館を訪問します。わが校から各大使館までは電車で約1時間半かかります。各班には保護者が同行し，安全の確保とともに生徒たちと一緒に体験をしています。昨年は10月に総合的な学習の時間の6時間扱いで行いました。

　班行動によって，外国の正式な機関に出向くというこの取り組みは，移動時の安全確保の問題と，訪問先で中学生なりのマナーを守れるかが厳しく問われます。そこでまず，目的にルールやマナーの要素とスキル教育を組み込むことにしています（②③参照）。

〔目的〕

①総合的な学習の時間における国際理解教育の一環として，各国大使館での体験活動を通して異なる言語や文化に触れ，国際感覚を養うとともに，江戸東京博物館での見学を通して，自国の文化を再認識する機会とする。

②異文化交流の活動を通して<u>日本社会と国際社会における生活習慣やルール，マナーなどのちがいを体感的にとらえさせ</u>，これからの国際社会で生きる力や考え方を養っていく。

③公共の交通機関を利用し移動をすることで，<u>望ましい社会の一員として，また中学生として求められる態度や服装・身なり，適切な言葉遣いなどについて体験的に学ぶとともに既習の社会性スキルを実践する場とする。</u>
　　　　　　　　　　　　　　　　　　　　※下線部はスキル教育と関連する箇所

　※訪問先大使館（アルゼンチン，イスラエル，エジプト，オマーン，ガーナ，カナダ，カンボジア，キューバ，ケニア，サウジアラビア，ジャマイカ，シンガポール，スウェーデン，台湾（台北駐日経済文化代表処），チリ，ブラジル，ペルー，マレーシア。）

● 事前の活動〜スキル教育を組み込む〜

　一般的な事前活動に加え，大使館訪問を念頭においたスキル教育の授業を組み込みます。

〔一般的な事前活動〕

　グループ編成，事前学習（訪問国調べ），壁新聞の作成，訪問計画の作成，質問事項の作成，訪問のお礼（色紙の作成，学校紹介リーフレットの作成），しおり作成

〔事前に行うスキル教育〕　　　※51頁の年間活動計画の3年生を参照

　①マナーを身につけよう……訪問にあたっての態度

　②適切な言葉づかいを知ろう……TPOをわきまえた言葉づかい（敬語の使い方）

　③こんなときどうする？……日本の中の外国という特別な場所での行動，トラブル対処

なお教師の準備としては，通常の仕事分担に加えて，「トラブル対処法」に関する分担を設置し，スキル学習の実施計画，必要な資料の準備にあたるようにしました。

また同行していただく保護者を募ることも重要です。生徒たちの自主的な班別行動に協力していただくだけでなく，生徒たちが身につけたスキルを発揮している様子を大使館訪問で直に見ていただくことは，親子にとって社会性を身につける強い動機づけとなります。

● 当日～世界規模の社会性を実感する～

当日は学校の最寄りの上尾駅に午前8時に集合し，大使館訪問は10時または10時半から始めました。大使館に着くと，セキュリティチェック，あいさつ，自己紹介，大使館員による説明，質疑，学校紹介，お礼，といった手順で進めます。大使館自体の訪問に要する時間は，訪問前後の手続きも含めて1時間から1時間半程度です。

日本国にある外国という意味では，通常では味わうことのできない雰囲気を体感することができたようです。セキュリティチェックが厳しい大使館もあり，国際感覚を身につける意味では貴重な実体験となりました。事前にスキル教育の授業など機会をとらえ，日本にある外国であることを意識させてきました。日本での，中学校内での行動や常識がそのまま通用しないことを伝え，相手の習慣・行動様式に合わせていくことの大切さを意識させてきた成果はあったようです。

とはいえ，訪問先（相手国）のスケジュールや用意されているプログラムの関係で，多くの時間を割いていただくことがむずかしいのもまた事実です。とくに1時間の訪問の中身も，一方的に説明を受けて終わってしまうグループや，質問の時間も十分に確保されず事前に送った内容に回答するだけというケースもありました。訪問のねらいなど実施内容を十分に吟味し精査していかないと1時間の受け身的な訪問のために，多くの準備期間を割いてしまうことにもなってしまう様子が見られました。

なお，大使館の都合により14か所が午前，4か所が午後の対応ということで，午前・午後の流れを入れ替えて実施しました。このとき同時に江戸東京博物館を見学することにしていたので，午前に大使館訪問した班は，午後に博物館見学というコースをとりました。

● 事後の活動～まとめを通してみえる成果～

事後の活動としては，以下の3つに取り組みました。

・まとめ資料の作成…活動の振り返りと訪問・見学のまとめ，感想《個人》

- 礼状の作成…訪問の感想を含め手紙としてまとめた《個人》
- 新聞の作成…Ｂ４判１枚に訪問内容・見学内容を報告書としてまとめた《個人》

　生徒たちの感想文からは，大使館内の見学や大使との交流を通して，国際親善の大切さと，身近さを感じてきたことがうかがえました。親切に受け入れ，友好的な応対をいただけたところが多く，外国に対してよいイメージをもつことができたと推測できます。

　訪問後は，訪問国の社会情勢を気にしたり，話題にしたり，自己ＰＲ書（公立前期試験：総合的な学習の時間について）の記載内容として選ぶ生徒も多く見られました。

　保護者の対応もたいへん協力的で心強いものでした。大使館訪問の実施に対して好意的で，参加した保護者も大使館訪問の体験を楽しんでいた様子が感じられました。ねらいに対する見取りは，保護者からいただいた感想からわかる気がします。

○保護者の感想１

　大使館はビルの最上階にあり，わかりにくいところでしたが，生徒たちはしっかり確認していたらしく，時間までビルの入り口できちんと待機していました。入室後も自校の紹介，大使館員への質問などとてもしっかりと受け答えをしていて，頼もしく感じました。大使館の方は，短い訪問時間の中で「国同士がよい関係を保ち交流することの大切さとむずかしさ」「国際人としてのプライド（自国を愛する気持ちやそれぞれの国の文化への尊敬の念）」「言葉が話せるだけでは国際交流はできないこと」などを話してくださいました。このような機会をいただけたことに感謝申し上げます。

○保護者の感想２

　今回参加させていただいて，たいへんよい体験を子どもたちと学ぶことができました。大使館に行ったことにより，外国の知らなかったことを勉強できました。私はサウジアラビア王国を訪問しましたが，砂漠だけの国かと思っていたら，近代都市で驚きました。一生に一度行くこともできないだろう大使館訪問はとてもよい体験だと思います。

○保護者の感想３

　今回同行させていただくにあたり，中学３年生という思春期まっただ中の子どもたちとどう接したらよいのか不安がいっぱいでした。しかし実際は何の問題もなく，子どもたちの力で時間どおりに目的に着くことができ，大使館での行動も立派にできていたと思います。私も子どもたちも，ふつうでは体験できない貴重な時間となったことでしょう。

4. 成果

●アンケート結果から

　生徒たちが落ち着かない状態でスキル教育をスタートさせましたが，授業規律は確立し，規範意識の高まり・集団参加能力およびコミュニケーション能力の高まりは少しずつ見られるようになりました。

　毎学期行っている「社会性チェックリスト」の結果を見ると，「規範意識」については，2・3年生ともに数値は上昇しました。他の項目と比べると，まだまだ数値的には低い状態ですが，向上していることは明らかです。また，「自尊感情」についても3年生ではすべての質問項目で上昇しています。ただ，残念なことに2年生では下がってしまいました。このことに関しては，生徒の発達段階とも密接なかかわりがあるように思われます。

社会性チェックリストの結果から

① 3ポイント以上の上昇
- 始業のチャイムが鳴ったら席に着くことができる。→　規範意識
- 廊下に落ちているゴミを拾うことができる。　→　規範意識
- 時間を守る。　→　基本的生活習慣
- 靴箱に靴をそろえて入れる　→　基本的生活習慣
- 自分のことが好きである。　→　自尊感情
- 自分にはよいところがある。　→　自尊感情
- グループで何かを決めるとき，自分と違う意見も大切にすることができる。
　　→　集団参加能力

② 3ポイント以上の下降
- 友達に頼みたいことがあるときには，頼むことができる。
　　→　コミュニケーション能力

第3章 教育課程に位置づけた実践

● 生徒たちの行動の変化

　具体的な成果としては，落ち着かなかった学年の生徒たちのほぼ8割が「人の話はきちんと聞く」「先生の指示に従う」ことができるようになりました。このことにより，授業規律が確立し，学力も向上していきました（わかる授業の実現）。

　また，学校生活において「きまりを守ろう」とする生徒が増え，クラス・学年・学校のモラルも高まっていきました。荒れた状態でおびえたり，不安感をもって生活していた生徒たちは，安心して生活できるようになりました。また教師や学校に対する信頼も高まり，生徒は困ったことをすぐに報告してくれるようになり，速やかな対処ができるようになりました。もちろん，完璧な状態ではないので，細かい問題は生じましたが，スキル教育で「教えている」内容に関しては，対応の仕方には素直に納得し，以前より生徒指導も進めやすくなりました。

　一方，総合的な学習の時間に学んだスキルは，体験的な学習の場で実践することができ，生徒たちにとってスキルはとても有効であるという実感を得ることができました。

　体験的な学習の場で必要なスキルを学び，学校から出て，実際に社会の一員としての立ち居振る舞いを実践し，定着させるために，体験的な学習の場を設定することはたいへん有効であると思います。社会の一員としての常識的な言動が欠如している現代において，「わからないから教える」場としてのスキル学習・体験的な学習は必要とされていると思います。

　進路で必要なスキルも，実際に上級学校を訪問したり，試験を受けたり面接を受けたりするうえでたいへん役にたち，「何度も繰り返しリハーサルトレーニングした成果をだすことができた」という生徒の感想も多く寄せられています。

● 今後の課題

　このように，全体として一定の成果は上げられました。とくに，言動におけるスキルについてはかなり高い割合で向上していることは，社会性チェックリストの集計結果や生徒の感想でわかります。しかし，内面的なものに関してはあまり向上が見られませんでした。このことから，今後は，生徒の発達段階に見合った個々の内面的な変化を促すプログラムの開発と，併せて，コミュニケーション能力を高めるグループワーク等の開発に取り組んでいきたいと思っています。

（第3章第2節　堀三和子）

第4章

小学校のさまざまな実践
―教育課程ならびに学校・学年体制での実践―

第4章 小学校のさまざまな実践

第1節　小学校1年生

友達づくりを授業で学び ふだんの遊びに生かす

キーワード　国語・生活・道徳・特活で5時間
　　　　　　友達づくり　集団遊び

この実践の見所
●課題
　自分の思いや考えを自分の言葉で表現できない子，何かあると突然暴力的な行動にでる子，困ってしまうと泣いてしまう子，何を聞かれても黙って何も言えない子，自分の感情をコントロールできない子などが多くなっています。一人一人が勝手な行動をして，集団としてまとまりにくくなっています。
●実践のねらい
　教育課程にスキル教育を意図的に取り入れて，社会性を育む。
●方法
・学校生活全般にわたって楽しく活動できるようにさせ，自分や友達のよさを知り，集団遊びの楽しさを体験していく中で社会性が身につくよう，「友達づくり」をテーマに，教育課程への導入を検討する。
・スキル教育実施の場を国語・生活科・道徳・学級活動に割り振り，各教科・領域において指導計画を立て，実践する。
●成果
・遊びの中で「いーれて！」「いーいよ！」と声をかけ合う場面がしばしば見られるようになってきました。
・自分や友達のよさに気づいたことによって学級全体の人間関係が豊かになりました。
・友達と楽しくかかわるには言葉だけでなく態度もとても大切なことを，1年生なりに少しずつわかったようでした。

友達づくりを授業で学びふだんの遊びに生かす〔小学校1年生〕 第1節

1. 問題と目的

●人とかかわる機会が減って

　本校は明治6年に開校し，135年余りの歴史と伝統の中，地域と共に歩んできました。全体的には素直でおだやかな児童が多いのですが，少子化が始まり，兄弟の数が減少し，核家族も多くなっています。そんな環境の中で，人と人とのかかわり合う生活が少なく，コミュニケーション能力が育ちにくくなっています。自分の思いや考えを自分の言葉で表現できない子，何かあると突然暴力的な行動に出る子，困ってしまうと泣いてしまう子，何を聞かれても黙って，何も言えない子，自分の感情をコントロールできない子などが多くなっています。一人一人が勝手な行動をして，集団としてまとまりにくくなっています。

　これらの問題行動はまさに社会性の不足からきていると考えられます。いままでは，大勢の中での遊びや，人と一緒に何かをするのは楽しくて心地よいという体験が，社会性を育んできました。しかし，それらの活動ができにくくなってきているいま，「社会性を育むためのスキル」を意図的に取り入れる必要性を強く感じます。

2. 方法

●友達づくりを国語・生活科・道徳・学級活動で

　社会性とは，人とかかわることによって育まれていくものと考えられます。低学年（1年生）では，学校生活全般が楽しく活動できるようにさせ，そこで自分や友達のよさを知り，集団遊びの楽しさを体験していく中で社会性が身につくよう「友達づくり」をテーマに，教育課程への導入を検討しました。そして，子どもたちに身につけさせるスキルと各教科・領域の内容を照らし合わせた結果，スキル教育実施の場を国語・生活科・道徳・学級活動に割り振り，各教科・領域において指導計画を立て，実践しました。

●指導計画

　1年生ということで，授業はもちろん休み時間も含め，学校生活全般が楽しく活動できるようにしたいです。そこで自分や友達のよさを知り，集団遊びの楽しさを体験していく中で，社会性が身につくよう，5時間を計画し，実践しました。

第4章 小学校のさまざまな実践

1年生5時間の指導計画

時	タイトル	ねらい	教科領域
1	自己紹介② 　おしえてあげるね， 　わたしのすきなもの	友達に聞いてみたいことを質問したり，友達の質問に恥ずかしがらずに答えたりできる。	国語科
2	友達のよさに気づく 　あなたの〇〇がすき	友達のよいところを見つけることができる。相手の目を見て，相手のよさを言うことができる。	生活科
3	遊びの入り方 　「いーれて！」「いーいよ！」	遊びに入りたいとき，どのような言葉と態度にすると，相手に気持ちがよく伝わるかを理解し，「入れて」とはっきり相手に伝えられる。	学級活動
4	あやまり方 　わるかったときは 　あやまろうね	「ごめんね」という気持ちを相手に伝えるためのスキルを理解し，実際に活動することができる。心を込めて「ごめんね」と言うことが大切であることに気づくことができる。	道徳
5	友達づくり 　みんなであそぼう， 　なかよくなろう	ルールを守って協力し合いながら，楽しく遊ぶことができる。友達のよさ（がんばっていたところ，ルールを守っていたところ，優しかったところ）を見つけることができる。	学級活動

●指導の実際

ア　単元名　3　「いーれて！」「いーいよ！」

イ　目標

　(ア)　遊びに入れてほしいとき「入れて！」とはっきりと相手に伝えることができる。

　(イ)　遊びに入れてほしいとき，どのような言葉と態度にすると，相手に気持ちがよく伝わるかを理解することができる。

友達づくりを授業で学びふだんの遊びに生かす〔小学校1年生〕第1節

ウ　評価の観点

(ア) 遊びに入れてほしいとき「入れて！」とはっきり伝えることができたか。

(イ) 遊びに入れてほしいとき，相手に気持ちがよく伝わるような言葉や態度ができたか。

エ　児童の様子

　学校生活にも慣れ，休み時間の遊びも活動的になった2学期の始めに本授業を行いました。友達とスムーズに遊べる子が多い学級ですが，遊びたくても自分から遊びの中に入れない児童もみられます。みんなと遊ぶ楽しさを体験させたくて実践しました。

　導入で，「一人で遊んでいるとき，仲間に入るには？」の質問には，子どもたちは積極的に発言し，自分の体験を思い出して答えていました。「いーれて！」と言われたらどうしたらいいかという発問に対しては「いーいよ！」の言葉も子どもたちの中から発表できていました。

　次に大きく拡大した4つの例を見せながら，実際に教師が「いーれて！」の役をし，子どもたち4名が，入れてあげる子の役をしてみせながら進めました。

　「いーれて！」を全員の子が練習できるようにグループ分けをして，実際に花いちもんめの遊びをしながら，そこへ入っていくという設定で行いました。子どもたちは遊びに夢中になり，「いーれて！」を言うタイミングや声の大きさを考え，相手にはっきり伝わるように表現しないと，相手に気づいてもらえない体験もできました。途中に「いーれて！」の言葉だけでなく，態度や表情やタイミング等も考えさせながらできたことで，子どもたちには相手に対する意識が強くなったように感じました。

オ　子どもたちのおもな感想

・○○さんは，にこにこしながら，大きな声で「いーれて！」ができていました。

・がんばって大きな声で「いーれて！」と言ったらみんなが「いーいよ！」と言ってくれて，花いちもんめができて楽しかったです。

・みんなが花いちもんめを楽しそうにやっているので，いつ「いーれて！」を言ったらいいか少しむずかしかったです。3回ぐらい「いーれて！」を言ってやっと入れてもらってよかったです。

　このほか，振り返りカードからは，多くの子どもたちが本授業に対し，積極的な感想をもっていることがわかりました。

　なお，振り返り用紙の質問項目2に対する回答で，「いーれて！」と言えなかった一人は，場面緘黙傾向があり，学校では言葉を発していません。授業中は一番姿勢よく教師の

第4章 小学校のさまざまな実践

話を聞いていました。花いちもんめをしているときも、わずかに口を動かす姿が見られました。

ふりかえりカード

(参加人数25人)

1. あそびにいれてほしいときの，はいりかたがわかりましたか。

とてもよくわかった	わかった	わからなかった
20人	5人	0人

2. はっきりしたきこえるこえで「いーれて。」といえましたか。

にこにこしながらいえた	いえた	いえなかった
15人	9人	1人

3. このじゅぎょうはたのしかったですか。

とてもたのしかった	たのしかった	あまりたのしくなかった
21人	3人	1人

振り返り用紙とその集計結果

3. 成果

●子どもたちの様子

　子どもたちは遊びの中で「いーれて！」「いーいよ！」と声をかけ合う場面がしばしばみられるようになってきました。これらの活動を通して、自分や友達のよさに気づいたこ

友達づくりを授業で学びふだんの遊びに生かす〔小学校1年生〕第1節

とによって，学級全体の人間関係が豊かになりました。友達と楽しくかかわるには，言葉だけでなく，態度もとても大切なことを，1年生なりに少しずつわかったようでした。

授業の中で消極的だった児童に対しては，みんなであたたかく見守り，ペア，なかよしグループ，生活班，学級集団と段階を踏んで，少しずつ自信をつけさせていきたいと考えています。集団力の向上のためには，一人一人の力を高めていく必要があると考えます。

●異年齢「ふれあいタイム」と関連させる

本校では，異年齢学年との交流を月一回全校で実施しています。毎週水曜日の昼休みの時間を「ふれあいタイム」として縦割り活動をしています。異年齢で構成された各グループごとに遊びの内容を考えて計画し，教職員も一緒になって思い切り遊んでいます。これらの活動に加えてスキル教育を教育課程の中に組み込んでいくことは，人とかかわる機会をさらに増やし，よりいっそう子どもたちの社会性を育むことになると考えています。

子どもたちに「社会性が育っていない」と思われる今日，私たち教師が意図的にスキルを身につけさせていくことが大切であると痛感しました。そして社会性を育むことが，学校本来の機能を高めることにもつながっていくと感じました。今後も低学年ではスキル教育を実施し，さらに各学年にも広げていきたいと思っています。

川島町立中山小学校における実践（鈴木富江）

第4章 小学校のさまざまな実践

第2節　小学校2年生

相手も自分も大切にする人間関係力の育成をめざして

キーワード　生活・総合（3時間），特別活動（3時間）
ソーシャルスキル，エンカウンター

この実践の見所

●課題

本校の児童には，規範意識に乏しい面があり，自己中心的な言動からトラブルになることが多く見られます。また，コミュニケーション能力に欠けている面があり，自分の感情をうまく言葉で表現したり，処理したりすることができないことが課題となっています。

●実践のねらい

6年間で12の基本ソーシャルスキルを身につけさせて，「相手も自分も大切にする人間関係力」を育成する。

●方法

・ソーシャルスキルトレーニングの理論と実際についての校内研修会を行う。
・市の教育相談室から講師を招聘し，ソーシャルスキルトレーニングの演習を行う。
・3年生以上は総合的な学習の時間の年間指導計画に位置づける。
・1，2年生は，生活科の中に位置づける。
・その他，学級活動の年間指導計画に学級指導として位置づける。

●成果

・自分のことを聞いてもらえるうれしさや，人のことを知る喜びを感じることができていたように思います。
・体験の積み重ねによって，相手を意識した会話（対話）ができるようになってきました。

相手も自分も大切にする人間関係力の育成をめざして〔小学校2年生〕第②節

1. 問題と目的

　本校は，開校36年を迎える小学校です。単親家庭が比較的多く，厳しい家庭環境の児童が少なからず在籍しています。児童は全体的に元気で明るいのですが，規範意識に乏しい面があり，自己中心的な言動からトラブルになることが多く見られます。また，コミュニケーション能力に欠けている面があり，自分の感情をうまく言葉で表現したり，処理したりすることができないことが課題となっています。

　指導を進めるなかで，規範意識の乏しさゆえのトラブルや，コミュニケーションや自己表現の未熟さ等といった児童の実態から，「相手も自分も大切にする人間関係力の育成」が課題の一つとしてあげられました。この課題解決にあたり，スキル教育を教育課程に位置づけることになりました。

2. 方法

●校内の共通理解をつくる

　はじめに，校内研修会で「ソーシャルスキルトレーニングの実際」について学習する機会を設け，理論と実際についての共通理解を深めました。

　次に，市の教育相談室から講師を招き，講義や演習を実際に教師が体験することを通して，学級での授業のイメージをもてるようにしました。

　また，参考書籍として『ソーシャルスキル教育で子どもが変わる』（小林正幸・相川充, 図書文化社）を用意して，いつでも取り組めるように準備を進めていきました。

第4章 小学校のさまざまな実践

●指導計画

①生活科・総合的な学習の時間で　（図１）

　１・２年生は，生活科の中に位置づけ，12の基本ソーシャルスキルを６年間で学べるように配置しました。３年生以上は，総合的な学習の時間のねらいを「人とかかわる力」「追究する力」「向上する力」として設定し，総合の年間指導計画に位置づけました。

	１学期	２学期	３学期
１年 （生活科）	自己紹介	元気なあいさつ	仲間の誘い方
２年 （生活科）	仲間の入り方	さわやかな受け答え ※70頁の指導記録参照	上手な聞き方
３年 （総合）	３つの話し方	質問する	元気の出る聞き方
４年 （総合）	あたたかい言葉かけ	やさしい頼み方	元気の出る聞き方
５年 （総合）	やさしい頼み方	自分を大切にする	気持ちをわかって働きかける
６年 （総合）	上手な断り方	トラブルの解決策	あたたかい言葉かけ

※指導の詳細は，『ソーシャルスキル教育で子どもが変わる』（小林正幸・相川充，図書文化社）を参照してください。

図１　ソーシャルスキルトレーニング指導計画（生活科・総合的な学習の時間）

②特別活動で （図2）

　このほかにも，学級活動の年間指導計画に学級指導として位置づけることになりました。しかし，特別活動における学級活動の年間35時間の半分は「話し合い活動」で，残りの時間数の中にスキル教育の内容をすべて位置づけるには限界がありました。

　そこで，児童の実態に照らし合わせて必要な内容を精選して取り組むことにしました。

月	タイトル　　　　　　　　　　　　　　　　　◎印は，構成的グループエンカウンター
4月	自己紹介をしよう　　整理整頓　　そうじの仕方　　楽しい給食
5月	さわやかなあいさつ　　道路の歩き方　　遠足に行こう
6月	廊下歩行　　◎いいところさがし　　虫歯の予防
7月	夏休みのすごし方
9月	安全な身の守り方
10月	男女の協力・思いやり
11月	本を読もう
12月	◎ほめほめ大会　　冬休みのすごし方
1月	新年のめあて　　風邪の予防
2月	楽しい給食　　安全な身の守り方
3月	もうすぐ3年生　　◎別れの花束　　春休みの過ごし方

図2　学級活動年間指導計画（第2学年の学級指導より抜粋）

第4章 小学校のさまざまな実践

●指導の実際（第2学年・生活科）

ア　単元名　21　「さわやかな　うけこたえ」

イ　目標
  (ｱ)　わかりやすい話し方，話しやすい聞き方ができる。
  (ｲ)　普段話さない友達とふれ合うことにより，友達のよさに気づくことができる。

ウ　評価の観点
  (ｱ)　聞き手を見て，はっきりと質問することができたか。
  (ｲ)　聞かれたことに，はっきりと答えることができたか。
  (ｳ)　相手を見て，うなずきながら最後まで聞くことができたか。
  (ｴ)　相手の話を聞いて，ひとこと，言葉のプレゼントをすることができたか。

エ　児童の様子
- ウォーミングアップのじゃんけん大会から，楽しそうに取り組み，たくさんの友達とじゃんけんを楽しんでいた。
- 『インタビューじゃんけん』という言葉に，「何をするのかな…」と，不安そうな児童もいたが，説明を真剣に聞いていた。
- 大きく拡大した「こんなことを聞いてみよう」の紙を黒板にはって，「質問がわからなかったときは，この紙を見ていいんだよ」の言葉にほっとした様子。言葉のプレゼントも，デモンストレーションをしてから行ったので，戸惑いながらも取り組めていた。

オ　子どもたちのおもな感想
- いろいろな人の思っていることが，よくわかってとても楽しかったです。あんまりお話をしてない人とも話ができてよかったです。また，やりたいです。インタビューをしてくれてうれしかったし，いろいろ言っていることがよくわかりました。
- インタビューじゃんけんをしたことで，相手の好きなことがわかりました。それに，私が言ったことが伝わったみたいに，通じたのでうれしかったです。
- ぼくが，言葉のプレゼントを忘れていたら，友達が「言葉のプレゼントを忘れているよ」と言ってくれました。
- いろいろな，好きなこととか，食べ物とか，好きなキャラクターがわかりました。楽しかったです。インタビューされてよかったです。

3. 成果

●スキル教育への確かな手応え

　子どもたちは，ほぼ全員が楽しみながら，聞くこと（訊くこと・聴くこと）と，訊かれたことに答えることに取り組んでいました。自分のことを聞いてもらえるうれしさや，人のことを知る喜びを感じることができていたようです。授業実施前と後では，確実に何かが児童の中で起こっていたようです。

　この授業1回で，大きな変容があったと断言はできませんが，本授業のような体験を積み重ねることによって，少しずつ相手を意識した会話（対話）ができるようになるのではないかと思いました。

　なかにはこんな感想もありました。「最初は，できないと思ったけど，最後はできました。でも，インタビューはいやだったです」。無理強いをせずに少しずつ自信がつけられるように見守り，勇気づけていきたいと思います。

●今後の展望と課題

　本校では，スキル教育を教育課程に位置づけて3年が経とうとしています。校内研修会で，初めて「ソーシャルスキル・トレーニングとは何か？」を学習し合った日が昨日のことのように思い出されます。最近では，「授業参観で保護者に観てもらった」「学年で取り組んだ」等の報告があり，先日行った年度末の実施状況アンケートでも，スキル教育の取り組みが着実に軌道に乗ってきている様子が伺えます。今後は，さらに指導計画を見直し，スキル教育の充実を図れるようにしたいと考えています。

富士見市立勝瀬小学校における実践（北村ひと美）

第4章 小学校のさまざまな実践

第3節　小学校3年生

学級担任と養護教諭のTTによる人間関係スキルアップ授業

キーワード　総合的な学習の時間　1単元5時間
　　　　　　心の問題の予防　3年間の進展と蓄積

この実践の見所

●課題

　明るく素直に，落ち着いた態度で学校生活を送っている多くの児童がいる一方，居場所を求めて保健室へ来る子や登校渋りの子など，心の健康の保持増進を必要とする児童がいます。

●実践のねらい

　心の問題を予防するために，総合的な学習の時間や保健学習，学級活動の授業において，スキル教育の導入を推進する。

●方法…3か年計画で実施

|1年目|　4年生の総合的な学習の時間の中に，4時間扱いで実施する。学級担任（教育相談主任）と養護教諭のTTで授業に取り組む。

|2年目|　総合的な学習の時間の指導計画に，各学年3時間位置づける。

|3年目|　総合的な学習の時間の指導計画に，各学年に5時間位置づける。また，1・2年生は学級活動の時間に2時間扱いで位置づける。

●成果

・「友達のよさを見つけ，直接相手に自分の言葉で伝える活動」の体験を通して，互いに相手を尊重するコミュニケーション能力の必要性が理解されました。
・職員の間に，「毎年どの学年でも実施していくべき授業内容」という共通認識が生まれ，意識の高揚がなされました。結果，学校カウンセリング研修会への参加希望者が増えました。

第3節 学級担任と養護教諭のTTによる人間関係スキルアップ授業〔小学校3年生〕

1. 問題と目的

●学校ならびに地域の状況

　本校は，開校130年を超える歴史と伝統のもと，古くからの住民と新興住宅地の住民が協力してPTA活動などに取り組む教育熱心な地域にある，児童数600名を超える大規模校です。

●保健室から見た児童の実態

　明るく素直な子が多く，全体的に落ち着いた態度で学校生活を送っています。委員会活動やクラブ活動も順調に進んでおり，縦割り活動も工夫して取り組んでいます。
　いっぽうで，居場所を求めて保健室へ来る子や，登校渋りの子もおり，心の健康を保持増進する学習活動の必要性が感じられました。

●心の健康を保持増進する活動への取り組み

　養護教諭としては，①養護教諭の職務の特質や保健室の機能を生かした，保健室健康相談活動の充実と，②学級担任とのTT形式によるスキル教育の導入，を考えました。
　①では，児童のさまざまな訴えに対し，心身の観察や問題の背景の分析を行い，解決のための支援や関係者との連携を通し，心や体の両面への対応を進めることで，健康相談活動の充実を図りました。
　いっぽう，②では，心の問題を予防するために，総合的な学習の時間や保健学習，学級活動の授業において，スキル教育の導入を推進しました。

2. 方法

　授業は，総合的な学習主任（長期研修修了），教育相談主任（学校カウンセリング上級研修修了。当時,学校カウンセラー養成研修），生徒指導主任（学校カウンセリング中級研修修了），養護教諭（学校カウンセリング上級研修修了）を中心に取り組みました。

第4章 小学校のさまざまな実践

●手応えを実感（1年目の実践）

1年目は，「『児童一人一人にコミュニケーション能力をつけさせ，自分のよさに気づかせる活動』を通して，よりよい人間関係を再構築させれば心の健康が図られる」という仮説のもと，4年生の総合的な学習の時間の中にスキル教育を位置づけました。

単元名「心と体について知ろう」の授業を4時間扱いとして，学級担任（教育相談主任）と養護教諭のＴＴで取り組みました（表1）。

表1　1年目のスキル教育（単元名「心と体について知ろう」）

時数	授業題材名	ねらいとするスキル
1	いろいろなこんにちは	あいさつ
2	自己紹介で友達を増やそう	自己紹介
3	仲良しを増やそうゲーム	仲間づくり
4	気持ちの良い話し方や聴き方を身につけよう	コミュニケーション

第4時の授業では，全児童がロールプレイングを行いました。そこでは，多くの児童が「気持ちのよい話し方や聴き方がよくわかった」と答え，「毎日の生活の中で使い，友達を増やしたい」と感想を書くなど，意欲的な姿勢を感じました。

当日は指導主事学校訪問日であり，担当指導主事からは「いまの子どもたちの社会性の未熟さから起こる実態を改善するには，今日のような社会性を育むための授業を全学級で実施できるよう，教育課程に位置づけてほしい」と助言をいただきました。

●演習中心の研修会を実施（2年目の実践）

前年度の実践を踏まえ，2年目は，総合的な学習の時間「○○っ子タイム」の指導計画に，スキル教育を「人間関係スキルアップ」の授業として，各学年3時間位置づけました。総合的な学習の時間のねらいとして，表2に示した5点を設けました。授業は，前年度同様に学級担任と養護教諭でＴＴの授業としました。

毎年実施している校内教育相談研修会では，「ふわふわことばとチクチクことば（あたたかい言葉）」の授業を，全員の教師が指導できるようになることを目標とした演習中心の研修会としました。

学級担任と養護教諭のTTによる人間関係スキルアップ授業〔小学校3年生〕 第3節

表2　「人間関係スキルアップ」を図る，総合的な学習の時間のねらい

	総合的な学習の時間のねらい	備　考
1	自分で課題を見つけ，より良く問題を解決していく力	課題設定・問題解決能力
2	情報の集め方，調べ方，まとめ方，報告や発表，話し合いの仕方	学び方・考え方
3	問題解決や探求活動に主体的・創造的に取り組む態度	主体的・創造的態度
4	他人とうまくコミュニケーションをとり，協力していく力	自己の生き方
5	自分の生き方について考えていく力	キャリア教育

● **スキル教育の有効性を共通認識（3年目の実践）**

　子どもたちの生きる力を伸ばす視点として，心の問題を自ら予防する力を育てることをねらいとし，「人間関係スキルアップ」授業の必要性を次の3点から位置づけました。

①人は他者に認められることにより「がんばろう」「良くなりたい」という気持ちをもつことができる

②多くの友達や先生，地域の方々などいろいろな人と交流を図ることによって，お互いの信頼関係を深め，社会性を高めることができる

③自他共に認め合える人間関係は，教師と児童，児童同士の中でお互いにコミュニケーションを図ることにより築くことができる

　そして，総合的な学習の時間「○○っ子タイム」の指導計画に，「人間関係スキルアップ」の授業を，3年生以上では各学年に5時間，1・2年生は学級活動の時間に2時間扱いで位置づけました。

第4章 小学校のさまざまな実践

●授業の実際～授業研究会実施の取り組みから～

　3年目の12月に，学級担任（教育相談主任）と養護教諭のTTで行った[※1]，総合的な学習の時間の授業「あなたも　わたしも　もっと好き」を紹介します。

ア　単元名　「人間関係スキルアップ」授業一覧（第3学年）

時数	授業名	備考
1	はじめまして	
2	ていねいな言葉づかいをしよう	
3	わすれ物をなくそう	
4	ぽかぽか言葉とちくちく言葉	
5	あなたも，わたしも，もっと好き（ほめほめ言葉）	本時（5／5）

イ　単元の目標

(ア)　円滑な人間関係をつくるためのスキルについて考え，ロールプレイなどの活動を体験させることにより，学校生活を送るために必要なコミュニケーション能力が大切であることに気づくことができる。

(イ)　進んで学習に取り組み，積極的に意見を出し合い話し合うことができる。

(ウ)　「人間関係スキルアップ」の学習を通して，よりよい人間関係を築くための手だてについて考えを深め，友達と一緒に活動する楽しさに気づくことができる。

ウ　「あなたも　わたしも　もっと好き」の評価

評価の観点	評価規準
課題設定・問題解決能力（ア）	課題を解決するために，学習計画をしっかり立てて情報を集めたりして問題解決に取り組むことができる。
	問題解決に意欲的に取り組み，課題を発展させようとしている。
学び方・考え方（イ）	課題を深めるために情報を有効に選択しようとしている。
	他の人の考え方や立場を大切にして，理解しようとしている。
主体的・創造的態度（ウ）	情報を選択し，活用して意欲的に学習を進めようとしている。
	自分の発想ややり方を大切にして，学習を進めようとしている。
自己の生き方（エ）	学んだことを生活や活動に生かそうとする。
	さまざまな体験や友達との交流を通して，多様なものの考え方があることを理解しようとする。

学級担任と養護教諭のTTによる人間関係スキルアップ授業〔小学校3年生〕 第3節

　本時の目標は,「友達のよいところを見つけ,それを相手に伝えることにより,よりよい人間関係をつくることができる」としました。

　評価の方法については,観察,ワークシートの記入内容,振り返りシートの自己評価と感想文の内容としました。

●児童と保護者のおもな感想

①児童の感想より

- 必ずだれにでも,いいことはあると思いました。もっともっと友達をつくっていきたいと思いました。今日の授業をこれからも生活に生かしてがんばりたくなりました。
- 自分から友達のいいところを言うときはドキドキしたけど,言われるときになったら,ドキドキがなくなって,とてもうれしい気持ちになりました。

②保護者の感想より

- 児童一人一人の良いところを見つけ認めてほめてあげるという,私たちが小学生のころ,このような授業はありませんでしたが,とても大切なことだと思いました。
- 現代社会の有様は,いじめ,自殺などの情報が広がるばかり。先日の授業参観内容（ぽかぽか言葉）や,本日の授業内容は,どんなむずかしい勉強よりも,人間関係構築の潤滑油になっていると感じました。素晴らしい授業内容だと思います。

　保護者からは人間関係スキルアップ授業への応援メッセージが多数寄せられました。今後は,保護者会でも演習を取り入れる予定です。

3. 成果

●スキル教育の拡大

　子どもたちの感想には,友達はみな人それぞれのよさがあることや,自分のよさを認めてもらえたことの大きな喜びがたくさん書かれていました。友達のよさを見つけ,直接相手に自分の言葉で伝える活動を通して,「互いに相手を尊重するコミュニケーション能力を高める必要性」が理解されました。

　また,本研究授業を通して職員の間には,スキル教育が,子どもたちの人間関係づくりとクラスづくりに大きくプラスに働きかけられる内容であり,毎年どの学年でも実施していくべき授業内容という意識の高揚が図られました。

第4章 小学校のさまざまな実践

　さらには，学習ノートを家庭に持ち帰らせ，保護者から返事をもらうという取り組みにより，授業が教室から家庭へ広がりを見せ，家庭を巻き込むことができました。改めて家庭連携の大切さの理解が図られました。

●教師の反応

　スキル教育の実践の成果は，児童ならびに教師の姿等，それぞれに見ることができました。おもな教師の感想を紹介します。

- 児童間のトラブルが，保護者同士，担任と保護者の問題へと発展してしまっていた事例は激減し，友達関係のトラブルによる怪我も減少してきました。
- 児童一人一人にコミュニケーション能力が身につき始め，人間関係がスムーズになり，トラブルも減ってきました。
- 日常生活の中に，友達のよさに気づき，お互いを認め合おうとする様子が見られるようになってきました。
- 子どもたちは，「人間関係スキルアップ」授業の体験を積み重ねていくことによって，少しずつ相手の思いを感じ取ることができるようになり，気持ちのこもった言葉を出すようになってきました。
- 5年生の子どもたちに，保健「心と健康」の授業前と，授業実施1か月後に「社会性チェックリスト」[※2]に記入をしてもらいました。とくに変化の見られた項目に「ひとりぼっちでいる子を見るとかわいそうになる」「友達が喜んだり悲しんだりすることを感じることができる」「嫌なことはうまく断ることができる」などがありました。
- 1年生から場面緘黙の続いていたAさんは，4年生の「人間関係スキルアップ」授業「いろいろなこんにちは」「自己紹介で友達を増やそう」「仲よしを増やそうゲーム」「気持ちのよい話し方や聴き方を身につけよう」を体験後，2人のクラスメイトと会話ができるようになり，5年生保健学習「リフレーミング・あなたも私ももっと好き」「じょうずな頼み方」「すてきな断り方」を進めていくなかで，自然な形で発表ができるようになりました。

●カウンセリング意識の高揚

　「人間関係スキルアップ授業」を体験していくに従って，教師自身も変容してきたように感じます。「子どもたちの心に響くスキルアップ授業ができるようになりたい」と学校

学級担任と養護教諭のＴＴによる人間関係スキルアップ授業〔小学校３年生〕第3節

カウンセリング中級研修会への希望者が増えたことが学級経営に有効に反映されており，来年度スキルアップ授業が各学年7時間位置づけられる予定です。

※1　養護教諭は兼任発令を受けて保健学習の授業を担当しているので，体育（保健）の単元「心と健康」にスキル教育を導入し，授業実践に取り組みました。
※2　『埼玉県立総合教育センター研究報告書275号』「児童生徒の社会性の育成に関する調査研究」に収録されている尺度。

　　　　　　　　　　　　　　　　熊谷市立成田小学校における実践（沖野信子）

第4章 小学校のさまざまな実践

第4節　小学校4年生

人間関係スキルアップ授業の実施

キーワード　総合　各学年5時間扱い
　　　　　　コミュニケーション能力の育成

この実践の見所

●課題
　適切な自己表現の仕方が身についていない，友達や周りの人たちと上手にコミュニケーションがとれないなど，人間関係のトラブルの場面がしばしば見受けられました。

●実践のねらい
　人間関係のスキルを身につけさせるために，教育課程に「人間関係スキルアップ」の授業を組み込み，児童のコミュニケーション能力を高める。

●方法
・総合的な学習の時間の中で，社会性を育むための授業実践を行う。
・指導計画…各学年5時間扱い
・導入時に質問紙調査《人間関係スキルアップアンケート，社会性チェックリスト，Q-U検査等》を実施し，児童の実態把握をする。

●成果
・「人間関係スキルアップ」の学習で，子どもたちは「気づく」→「学ぶ」→「通い合う」の流れで，気持ちのよい話し方や聴き方に気づくことができました。
・年度当初はコミュニケーション能力の不足により，トラブルが目立っていましたが，ソーシャルスキルトレーニングなどの授業を実施することで，コミュニケーション能力が身につき始め，人間関係がスムーズになり，トラブルが減り始めました。
・日常生活の中に，友達のよさに気づき，お互いを認め合おうとする様子が見られるようになりました。

第4節 人間関係スキルアップ授業の実施〔小学校4年生〕

1. 問題と目的

本校の児童の実態として、適切な自己表現の仕方が身についていなかったり、友達や周りの人たちと上手にコミュニケーションがとれなかったりして、人間関係によるトラブルの場面がしばしば見受けられました。そこで本校では、人間関係のスキルを身につけさせるために、教育課程に「人間関係スキルアップ」の授業を組み込むことになりました。

2. 方法

●スキル教育導入のための手順

①質問紙調査で実態把握。
（「人間関係スキルアップアンケート」「社会性チェックリスト」「Q-U検査」）
②総合的な学習の時間の中で、社会性を育むための授業実践。

「人間関係スキルアップ」の授業は、総合的な学習の時間の中に取り入れようと考えました。なぜなら、総合的な学習の時間では、「学び方やものの考え方」の基礎となる対人関係にかかわるスキルを、体験的に学ぶことができると考えたからです。また、児童にコミュニケーション能力をはじめとした社会性を養うことで、問題解決能力、主体的創造的態度、自己の生き方等の、総合的な学習の時間でのねらいを支えるための資質が身につくと考えました。

早速、提案資料の準備に取りかかりました。授業のねらいを達成するためには、構成的グループエンカウンターやソーシャルスキルトレーニング等を取り入れると効果的であることを実践校から学びました。提案資料を作成し、提出しました。

そして、一人一人の児童に、コミュニケーション能力や集団に適応する力などの社会性を育てていくこと、を大きなねらいとして、総合的な学習の時間の中に位置づけることができました。

図1は「○○っ子タイム」（総合的な学習の時間）の指導計画です。「人間関係スキルアップ」のプログラムは、年度当初の4月～5月に、5時間扱いで実施しています。

第4章 小学校のさまざまな実践

月	4月	5月	6月	7月	9月	10月	11月	12月	1月	2月	3月
3年	\multicolumn{11}{c}{気づこう　感じよう}
3年	◎情報活用スキルアップ関係（10） ◎人間関係スキルアップ（5）		◎生き物を調べよう！ ・気づく ・調べる ・まとめる				◎手話で話そう ・体験する ・気づく ・調べる ・まとめる		省略		
4年	\multicolumn{11}{c}{考えよう　深めよう}
4年	◎情報活用スキルアップ関係（5）		◎環境を考えよう ・調べてみようゴミのこと ・チャレンジしようリサイクル			省略 （5）	省略				
4年	◎人間関係スキルアップ（5）		・気づく ・調べる ・まとめる ・実践する								
5年	\multicolumn{11}{c}{考え，深め，発信しよう}
5年	◎情報活用スキルアップ関係(10) ◎人間関係スキルアップ（5）		◎水や空気について考えよう！ ・気づく ・調べる ・まとめる ・発信する			省略			省略		
6年	\multicolumn{11}{c}{考え，深め，広げよう}
6年	◎情報活用スキルアップ関係（10） ◎人間関係スキルアップ（5）		◎もっと知ろう日本の魅力 ・見つめる ・体験する ・調べる ・発信する				◎夢をふくらまそう！ ・見つめる（将来の夢） ・調べる ・伝達する（グループ）				

図1　〇〇っ子タイム指導計画（総合的な学習の時間）

第4節 人間関係スキルアップ授業の実施〔小学校4年生〕

● 「人間関係スキルアップ」のプログラム

「人間関係スキルアップ」のプログラムは，①お互いのよさを認め合い，よりよい人間関係を築くことができる，②互いに学び合い，成長しようとする意欲をもつことができる，③自分の気持ちを相手に伝え，相手の考えを聞くことができる，④相手の立場に立って物事を考え，自分にできることをしようとするという，4つの目標を達成するために考えられています。プログラム内容については，表1に示しました。

表1　「人間関係スキルアップ」の学年別プログラム

学年	プログラムの内容	ねらいとするスキル
3年	1．あいさつゲーム	あいさつ
	2．自己紹介ゲーム	自己紹介
	3．みんなと仲良しゲーム	仲間づくり
4年	1．いろいろなこんにちは	あいさつ
	2．自己紹介で友達をふやそう	自己紹介
	3．仲良しをふやそうゲーム	仲間づくり
5年	1．すすんであいさつをしよう	あいさつ
	2．自己紹介をしようパートⅠ	自己紹介
	3．仲間をふやそうゲーム	仲間づくり
6年	1．さわやかなあいさつをしよう	あいさつ
	2．自己紹介をしようパートⅡ	自己紹介
	3．友達大好きゲーム	仲間づくり

● 「人間関係スキルアップ」授業の流れ

すべての時間の学習指導案，ならびに使用するワークシート類はスキル教育の主担当のメンバーで作成し，準備しておきました。ここでは4年生の授業実践を取り上げます。本授業は，「人間関係スキルアップ」の授業として，話の聴き方のスキルをねらいに実施しました。授業案の一部を図2に示します。

①．単元名	『気持ちのよい話し方や聴き方を身につけよう』
	・指導案の中には『ねえねえ，聞いて！』と『ハッピーレターを渡そう！』の2つの内容が入っているが，ここでは，『ねえねえ，聞いて！』について取り上げた。

図2　総合的な学習の時間の指導案より抜粋

第4章 小学校のさまざまな実践

次に、授業の流れを図3に示します。より詳細な展開例については、図書文化社より発行されている『社会性を育てるスキル教育35時間』や『ソーシャルスキル教育で子どもが変わる』（小林正幸・相川充）を参照してください。

ねらい		
ロールプレイングやソーシャルスキル・トレーニングを取り入れ、言葉によるコミュニケーションのとり方について学習することにより、気持ちのよい話し方や聴き方を身につける		
身につけさせたいスキル	話の仕方　→　声の大きさ、視線、表情、話の内容	
	話の聴き方　→　体の向き、表情や態度、視線、相づちや質問	
活動の流れ		児童の主な活動
気づく	インストラクション	・本時の活動内容を知る。 　「気持ちのよい話し方や聴き方」を勉強しましょう。
	モデリング	・今日はA役とB役に分かれ、話の聴き方や話し方の勉強をすることを知り、先生や代表の友達のロールプレイングを観察し、やり方を理解する。
学ぶ	リハーサル	・今日のエクササイズのやり方を知る。 ・『ねえねえ、聞いて！』のやりとりを知る。 　　　A→話をする役　　B→話を聴く役 ・A役の話し方、B役の聴き方を変えながらやってみる。
通い合う	フィードバック	・お互いに気持ちのよい話し方や聴き方は、どのようにすればよかったかを話し合い、授業の振り返りを行う。
	定着化	グループの振り返り　→　全体の振り返り

図3　「気持ちのよい話し方や聴き方を身につけよう」の授業略案

● 子どもたちのおもな感想

・「人間関係スキルアップ」の勉強で「よい話し方や聞き方」を勉強した。ぼくは、お互いに気持ちのよいやりとりは、相手のほうを見て真剣に聞くことだとわかった。

・私はあまり上手にしゃべれなかったけど、同じグループのKさんたちと「人間関係スキルアップ」の勉強ができてよかった。友達と話すのは楽しいと思う。私もみんなとたくさん話したいと思った。

3. 成果

●コミュニケーションの意欲が高まった

　「人間関係スキルアップ」の学習を体験して，子どもたちは「気づく」→「学ぶ」→「通い合う」という流れの中で，気持ちのよい話し方や聴き方に気づくことができました。

　また，緘黙児Bさんが「みんなと話がしたい」と思うようになったのは大きな成果です。Bさんをはじめとして，コミュニケーションをとるのが苦手な児童の気持ちに応えられるように，ねらいとしている児童のコミュニケーション能力を高める授業に今後も継続して取り組んでいきます。

●今後への展望

　年度当初は，コミュニケーション能力の不足により，さまざまなトラブルが目立っていましたが，ソーシャルスキル・トレーニングなどの授業を実施したことにより，コミュニケーション能力が身についてきて，人間関係がスムーズになり，トラブルも減りました。また，日常生活の中で，友達のよさに気づき，お互いを認め合おうとする様子も見られるようになりました。

　これから高学年となり，思春期にさしかかる子どもたちには，継続した「人間関係スキルアップ」の授業が必要だと考えています。周囲の人たちからも授業のよさを広く知ってもらえるよう，今後も地道に実践を積み重ねていきたいと思います。

熊谷市立市田小学校における実践（井桁明美）

第4章 小学校のさまざまな実践

第5節　小学校5年生

自己表現の力を高めるスキル教育を学年単位で実践

キーワード　特別活動　6時間
　　　　　　自己表現　学年規模で

この実践の見所

●課題

　子どもたちのなかには，自己表現がうまくできずに自分自身が傷ついたり，相手を傷つけたりしている現状が見られます。例えば，自分の思いをストレートに伝えすぎるために，ほんとうの気持ちが伝わらなかったり，伝え方がわからずにがまんをして悩んだりしています。また，誤解を招く言動により，友達との関係がうまくつくれないで悩んでいる等，友達とのトラブルは後を絶ちません。

●実践のねらい

　スキル教育の実践を通して，児童一人一人の自己表現力の向上を図る。

●方法

・指導計画…6時間扱い
・特別活動の時間の中でスキル教育の授業を行う。
・自己表現スキルにターゲットを絞る。
・アサーショントレーニングの技法を活用する。

●成果

・子どもたちは，いままでの自分を振り返り，反省点に気づきました。
・スキル教育で学習したことを生活の中で実践していこうとする意欲が感じられます。
・言葉遣いにも目を向けられるようになり，お互いに理解し合おうとする雰囲気ができつつあります。

第5節 自己表現の力を高めるスキル教育を学年単位で実践〔小学校5年生〕

1. 問題と目的

　本学年の児童は，明るく元気で素直な児童が多いのですが，1学級40名という大所帯のためか，友達とのトラブルは後を絶ちません。自分の思いをストレートに伝えすぎるために，ほんとうの気持ちが伝わらなかったり，伝え方がわからずにがまんをして悩んだりしています。また，誤解を招く言動も見られ，友達との関係がうまくつくれないで悩んでいる児童も見られます。

　現在は，家庭や地域社会で人間関係が学びにくくなっており，学校において，人間関係づくりを意図的，計画的に進めていく取り組みが必要になっていると感じています。そこで，学校で，児童の自己表現の育成と共感的な人間関係づくりに同時に取り組むことで，児童一人一人の自己表現力の向上を図りたいと考えました。

　しかし，中規模校のため，担任外の教員が少なく，スキル教育の授業を担当者がすべて受け持つにはむずかしい状況でした。また，職員の間では，スキル教育に対する理解や関心が決して高いとはいえず，学校全体で実施するには時期尚早と思われました。

2. 方法

　そこで，筆者が学年主任を務めていた第5学年の中で「スキル教育」を実践することにしました。授業者は学級担任とし，特別活動の時間の中にスキル教育の授業を取り入れました。本校のケースのように，学年単位で行うのであれば，小学校でも比較的取り組みやすいと思います。授業プログラムは，自己表現スキルにターゲットを絞り，アサーション・トレーニングの技法を活用しながら，6時間扱いとしました。授業プログラムの詳細については，表1（88頁）を参照してください。

● 「優しい頼み方」における児童の反応

①質問「遊んでいる友達に，大きなプランターを一緒に運んでもらうとき，どんな頼み方をしていますか？」

> これ運んで／ちょっと手伝って／これいっしょに運んで／重たくて運べないから手伝って／一人では運べないから手伝って／お願い手伝って／悪いけど手伝って

第4章 小学校のさまざまな実践

表1 自己表現プログラム

時	題名・ねらい	活動内容	留意点
1	自分の言葉で伝えよう （他者理解） ・相手の言動から気持ちを知ることができる。 ・自分の気持ちを伝えることができる。	・相手をよく観察し，どんな気持ちかを想像する。 ・表情から感じたことを相手に伝える。 ・いろいろな場面で相手の気持ちを考える。 ・ロールプレイを行う。	・相手の表情から相手の感情を想像できることを理解させる。 ・日常生活の中で，相手の気持ちを知ろうとすることが大事なことに気づかせる。
2	うまく断ろう （上手な断り方） ・自分の気持ちを伝えることができる。 ・上手な断り方を理解することができる。	・友達の誘いを受けたときの断り方を考える。 ・いろいろな場面での断り方を考える。 ・ロールプレイを行う。	・上手な断り方には，①謝罪②断る理由③断りの表明④代わりの意見があるといいことを知らせる。
3	ていねいな言葉づかいを学ぼう （言葉の使い方） ・ていねいな言葉遣いをすることにより，お互いの気持ちのよい会話をすることができる。	・アンケートの結果を知る。 ・3つのタイプの言い方のロールプレイを見る。 ・3つのタイプの言い方をやってみる。	・3タイプの言い方 A：友達に対するような話し方 B：ていねいな話し方 C：乱暴な話し方 について体験させる。
4	ふわふわ言葉とチクチク言葉 （あたたかい言葉） ・あたたかい言葉のよさに気づき，優しい言葉かけができるようにする。	・「ふわふわ言葉とチクチク言葉」の説明を聞く。 ・「チクチク言葉」を発表する。 ・「ふわふわ言葉」を発表する。 ・あたたかい言葉のよさに気づく。	・身近な話や体験を話題にする。 ・「チクチク言葉」の裏に隠されたほんとうの気持ちに気づかせる。
5	優しく頼もう （頼み方） ・感謝の言葉を言うことができる。 ・自分なりの言葉で表現することができる。	・いろいろな頼み方を知る。 ・自分なりの感謝の言葉を考える。 ・「ありがとう」の言葉が入った③の頼み方を体験する。	・「ありがとう」の言葉が入ると，頼まれた人が気持ちよくなり，次の機会では，より協力してもらいやすくなることを知らせる。
6	優しくはっきり伝えよう （自己表現の仕方） ・相手も自分も大切にした伝え方があることがわかる。 ・自分の言いたいことを伝えることができる。	・いままでの自分の気持ちの伝え方を振り返る。 ・3つの気持ちの伝え方を知る。 ・いろいろな場面で相手も自分も大切にした伝え方を考える。 ・ロールプレイを行う。	・上手，下手ではなく，「目を見て」「ゆっくり」「はっきり」「笑顔」で，伝えることが大事であることを知らせる。

②質問「どんな頼みごとをしたいですか？」

> 逆上がりのやり方を教えてほしい／パソコンの使い方を教えてほしい／ミニフラッグの動かし方を教えてほしい／算数の問題の解き方を教えてほしい／図工の時間の持ち物を教えてほしい／なわとびのはやぶさを教えてほしい／側転のコツを教えてほしい／机を一緒に運んでほしい／大きな楽器を運んでほしい／ドリブルのコツを教えてほしい／給食当番を代わってほしい／重い荷物を一緒に運んでほしい

③子どもたちのおもな感想

- 私は、「優しい頼み方」を学習して、「自分はいままでどうだったのかな？」と思いました。お友達やお母さんにいやな頼み方をして断られたこともあると思いました。これからは、「優しい頼み方」をしようと思いました。

- 友達や先生、お母さんやお父さんに頼むときには、近づいて、相手を見て、聞こえる声で、そして、笑顔で言う。そのことを守って、頼んでみようと思います。

- ぼくは、「優しい頼み方」を学習して、手伝ってもらうときには、自分の気持ちを伝えることが大切なことがわかりました。自分の思いも伝えないで、ただ「お願い！」と言っているだけでは、相手もわかってくれないと思いました。ぼくは、これから、このことを生活の中で使いたいです。

- 優しく頼まないと手伝ってくれないことがわかりました。威張ってはいけないこともわかりました。これからは優しく頼みます。頼まれたら「いいよ」と言ってあげます。

3. 成果

　学習を通して、子どもたちは、いままでの自分の頼み方を振り返り、「頼むときの手順」（①頼みごとをしなければならない理由、②何を頼みたいのか、③頼みごとが叶えられたときの気持ち）と「心を伝える話し方」（①相手に近づく ②相手を見る ③相手に聞こえる声で ④笑顔で）を確認しました。これらを生活の中で実践していこうとする意欲が感じられます。また、言葉遣いに目を向けられるようになりました。加えて、お互いに理解し合おうとする雰囲気もできつつあります。

　今後、各学年の発達課題に考慮した指導計画の作成に取り組み、学校全体で、安心して自己表現できる共感的な人間関係づくりに取り組んでいきたいと考えています。

加須市立礼羽小学校における実践（栗田裕子）

第4章 小学校のさまざまな実践

第6節　小学校6年生

保護者とともに望ましい人間関係の育成を図る学級活動

キーワード　特別活動　年間3時間　全校
　　　　　　コミュニケーション能力

この実践の見所

●課題
　友達関係が固定化する傾向にあります。また，コミュニケーション能力に欠ける面がみられ，自己中心的な言動がみられます。

●実践のねらい
　児童に望ましい人間関係を構築していくためのスキルを身につけさせる。

●方法
・特別活動の学級活動に位置づける。
・指導計画…3時間扱い
・児童の発達段階や学年の状況に応じた計画を立てる。
・保護者に授業に参加してもらい，親子の交流学習を通して，指導の充実を図る。

●成果
・自己を肯定的にとらえるようになりました。
・クラスに，友達のよさに気づき，お互いを認め合う雰囲気ができました。
・子どもたちはリフレーミングのスキルを学びました。
・望ましい人間関係の基礎である社会性が育まれました。
・家庭からは，相手のよいところを見つけていくようになったとの報告がありました。

保護者とともに望ましい人間関係の育成を図る学級活動〔小学校6年生〕 第6節

1. 問題と目的

●友達関係が固定化している

　本校の児童は，明るく素直です。縦割り活動を中心に，進んで物事に取り組みながら，仲よく活発に学校生活を送っています。いっぽうで，児童のほとんどが，幼稚園から中学校まで同じ集団で学ぶ状況にあり，友達関係が固定化する傾向にあります。そのためか，コミュニケーション能力に欠ける面がみられ，自己中心的な言動がみられました。

　このような児童の実態から，本校の課題として，「望ましい人間関係の育成」があげられました。そして，課題を乗り越えるためには，児童に望ましい人間関係を構築するためのスキルを身につけさせることが有効だと考え，全校的なスキル教育の実践を試行的に始めることになりました。

2. 方法

●学級活動の年間3時間に位置づける

　本校では，ソーシャルスキルトレーニングについて，特別活動の学級活動で取り上げ，表1（92頁参照）のように年間指導計画に位置づけています。そして，児童の発達段階や学年の状況に応じて，身につけさせたいスキルを取り上げて指導を行っています。

●授業の導入（小学6年生の事例）

　本校の6年生の事例を紹介します。本学級は，児童間に固定的な人間関係ができていました。自分の気持ちを伝えられなかったり，相手の気持ちを考えない言動をとったりする児童が見られました。また，自分の長所をあげることができない児童もいました。

　そこで，児童一人一人にコミュニケーション能力をつけさせ，自分のよさに気づかせながら，人間関係をよりよいものにしていきたいと考え，「あなたもわたしも　もっと好き！」というテーマのプログラムに取り組むことにしました。

第4章 小学校のさまざまな実践

表1 ソーシャルスキルトレーニング指導計画（年間3時間の位置づけ）

年	月	題材	ねらい
1年生	6	掃除の仕方	協力し合って掃除ができるようにする。
	9	目と耳向けて聴けるかな	相手の話に耳を傾けて聴くスキルを身につけることができる。
	11	みんななかよく	ルールを守って協力し合いながら、楽しく遊ぶことができる。
2年生	5	2年生になって	自分のよいところを紹介して、仲間づくりのスキルを身につける。
	12	身のまわりの整理整頓	整理整頓の習慣を身につけ、気持ちよい学校生活を送ることができる。
	3	もうすぐ3年生	友達のよいところに気づくことができる。
3年生	7	夏休みをしっかり過ごそう	自分の大切な時間について考えることができる。
	11	やさしくはっきり伝えよう	自分の言いたいことを伝えることができる。
	3	4年生に向けて	3年生の生活を振り返り、4年生の生活に意欲をもつことができる。
4年生	5	気持ちのよい言葉遣い	相手が気持ちよくなるような言葉遣いができる。
	11	男女の協力	男女が協力し合い、主体的に集団活動にかかわることができる。
	3	もうすぐ5年生	4年生の生活を振り返り、5年生の生活に意欲をもつことができる。
5年生	4	高学年になって	下級生への思いやりのある接し方のスキルを身につける。
	11	相手の立場を考えよう	相手の立場に立って考えた接し方を身につけることができる。
	3	もうすぐ最高学年	5年生の生活を振り返り、6年生の生活に意欲をもつことができる。
6年生	6	上手な聴き方を学ぼう	話の聴き方のスキルを身につける。
	11	あなたもわたしももっと好き！	肯定的な他者評価の仕方を身につける。　　※本時
	1	異性の友だち	お互いの違いを理解し、男女協力し合うスキルを身につける。

※6年生のプログラム関連図は次頁を参照

保護者とともに望ましい人間関係の育成を図る学級活動〔小学校6年生〕第⑥節

表2　6年生のコミュニケーション能力の育成に関するプログラム

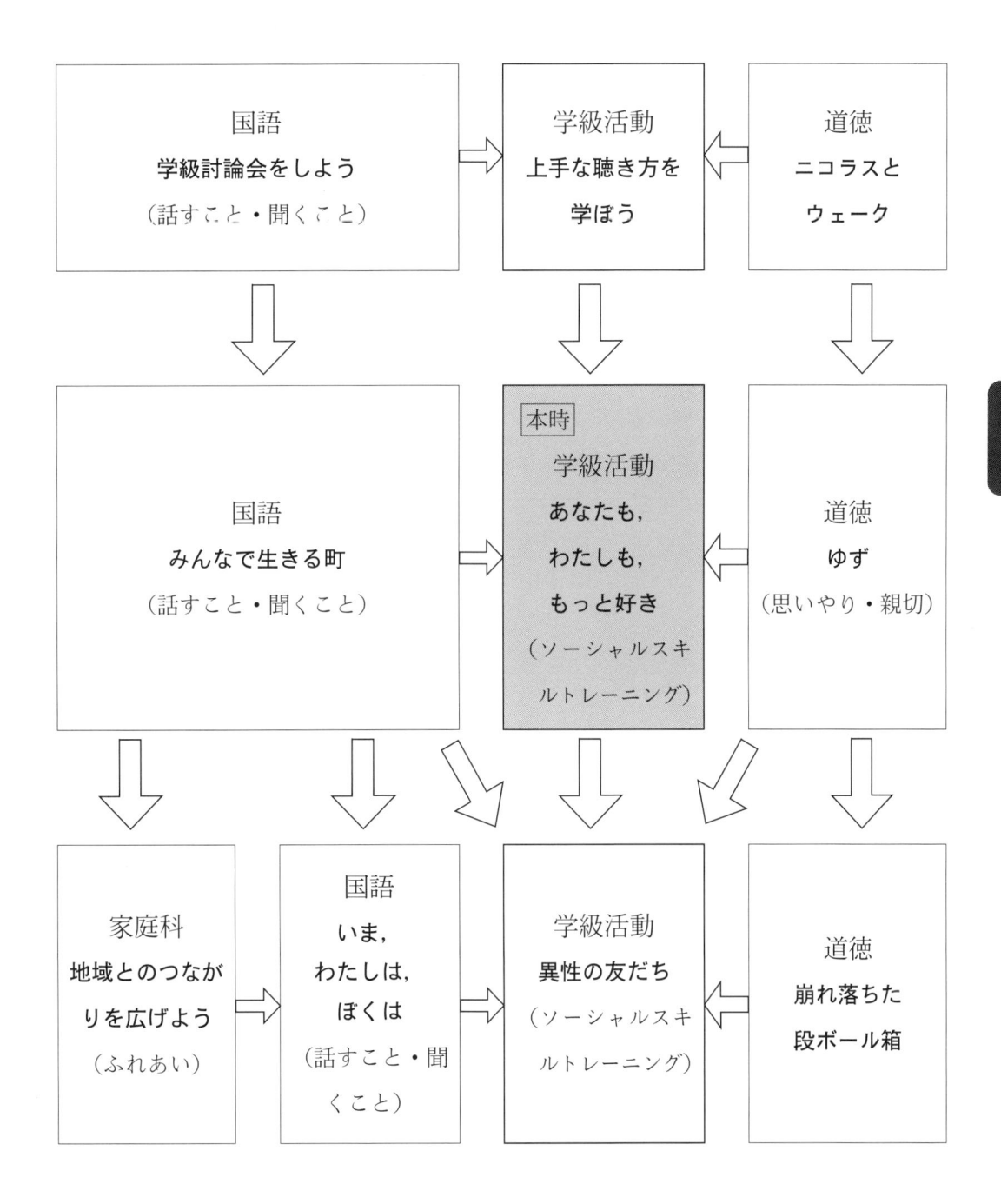

```
┌─────────────┐    ┌─────────────┐    ┌─────────────┐
│    国語     │───▶│   学級活動   │◀───│    道徳     │
│学級討論会を │    │上手な聴き方を│    │  ニコラスと │
│   しよう    │    │    学ぼう    │    │   ウェーク  │
│(話すこと・  │    │              │    │             │
│  聞くこと)  │    │              │    │             │
└─────────────┘    └─────────────┘    └─────────────┘
       │                   │                   │
       ▼                   ▼                   ▼
┌─────────────┐    ┌─────────────┐    ┌─────────────┐
│             │    │ 本時         │    │             │
│    国語     │    │   学級活動   │    │    道徳     │
│みんなで生きる│──▶│  あなたも,   │◀───│    ゆず     │
│    町       │    │  わたしも,   │    │             │
│(話すこと・  │    │  もっと好き  │    │(思いやり・  │
│  聞くこと)  │    │(ソーシャルスキ│    │   親切)    │
│             │    │ ルトレーニング)│    │             │
└─────────────┘    └─────────────┘    └─────────────┘
   │        │           │           │         │
   ▼        ▼           ▼           ▼         ▼
┌───────┐ ┌───────┐  ┌─────────────┐  ┌─────────────┐
│家庭科 │ │ 国語  │  │   学級活動   │  │    道徳     │
│地域との│ │いま,  │  │  異性の友だち │  │ 崩れ落ちた  │
│つながり│ │わたしは,│─▶│             │◀─│  段ボール箱 │
│を広げよう│ │  ぼくは│  │(ソーシャルスキ│  │             │
│(ふれあい)│ │(話すこと│  │ ルトレーニング)│  │             │
│       │ │・聞く  │  │             │  │             │
│       │ │  こと) │  │             │  │             │
└───────┘ └───────┘  └─────────────┘  └─────────────┘
```

第4章 小学校のさまざまな実践

●授業計画と展開（小学6年生の事例）

　授業（「あなたも，わたしも，もっと好き！」～望ましい人間関係の育成を図る学級活動）は，特別活動内の学級活動に位置づけ，保護者を交えた公開授業として実施しました。

　指導に当たっては，次の点に留意しました。

①望ましい人間関係の育成をめざし，ソーシャルスキルトレーニングを取り入れること

②保護者に授業に参加してもらい，親子の交流学習を通して，指導の充実を図ること

　そこで，以下のねらいを立てました。

> 授業のねらい
> - 自分の短所を友達や保護者にリフレーミング（肯定的な言い換え）をしてもらうことにより，自己肯定感を高めることができる。
> - 友達や保護者の短所を肯定的に表現するスキルを身につける。

　以下に授業の概略を示しました。指導案の詳細は，『社会性を育てるスキル教育35時間』（図書文化社）を参照してください。

段階	学習活動	指導上の留意点
インストラクション	・本時のねらいとやり方を知る	・アンケート結果からクラスの状況を知らせる
エクササイズ	・ワークシートに長所と短所を記入する ・肯定的な言い換え方を知る ・友達のワークシートに言い換えを記入する	・書きやすい雰囲気をつくる ・各グループを回りながら，助言をする ・自己受容が高まる声かけをする
シェアリング	・振り返りシートに記入し，感想を発表する	

3. 成果

●「自分にもよいところがあった」と言えた

　スキル教育の指導を実施する前のアンケートで，自分のよいところが「ない」と答えた児童が，授業の最後には，「自分にもよいところがあった」と感想を述べました。自己を肯定的にとらえることが少なからずできるようになったと感じました。

　また，指導前，クラスには自己中心的な言動が目立っていましたが，授業後には，友達のよさに気づき，お互いを認め合う雰囲気がつくられました。

　自分や他人を意図的に肯定する体験活動を通して，子どもたちは，リフレーミングのスキルを学びました。本授業を通して，望ましい人間関係の基礎である社会性が育まれたと思います。

●保護者の力を実感

　授業後，家庭からは「相手のよいところを見つけていくようになった」との報告がありました。日常の様子など，保護者にしかわからない児童の様子があります。

　子どもを変えていくためには，家庭の協力が必要です。学校は，積極的に各家庭に働きかけていかなければならないことを実感しました。これからも，スキル教育の充実を図り，子どもたちを取り巻く家庭や地域への働きかけを，各学校で工夫改善していくことが肝要だと感じました。

神川町立神泉小学校における実践（山本司子）

第4章 小学校のさまざまな実践

第7節　スキル教育を全校朝会・キャリア教育に取り入れた実践

小学校全学年

キーワード　学級活動　　1時間
　　　　　　キャリア教育　全校集会でのスキル教育

この実践の見所

●課題

　一部の児童が，遊びに夢中で休み時間が終わってもなかなか教室に戻ってこなかったり，叱られるまでルールを守れなかったりするようになり，次第に他の児童が巻き込まれるようになってきました。

●実践のねらい

　積極的な生徒指導としてのスキル教育を取り入れる。

●方法

A：キャリア教育（生き方教育・進路指導）に活用
- 特別活動部が中心となり「人間関係形成能力」の育成をめざす。
- 特別活動の領域で推進する。

B：「規律ある態度」の推進に活用
- 全校朝会の場を利用する。
- 生活目標に合致する標語を考え，教師の朗読劇，ロールプレイ等を実施する。

●成果

A：キャリア教育に活用
- 自分と他人は考え方，ものの見方が違うということに気づいたようです。
- 自己理解，他者理解が高まりました。

B：「規律ある態度」の推進に活用
- 集中して教師の話を聞くことができるようになりました。
- 掃除など，児童は楽しみながら活動できるようになりました。

スキル教育を全校朝会・キャリア教育に取り入れた実践〔小学校全学年〕第7節

1. 問題と目的

本校は中規模校であり，児童は元気で活発であり，校庭で遊ぶ姿がよく見られます。また，掃除も一生懸命に行います。しかし，遊びに夢中で休み時間が終わってもなかなか教室に戻ってこなかったり，叱られるまでルールを守れなかったりする子もいます。ルールを守れない子は固定していますが，時として，他の児童も巻き込まれることがあります。

そこで，他人に流されないこと，「規律ある態度」をとること，の定着を図り，積極的な生徒指導としてスキル教育を取り入れることにしました。

2. 方法

「スキル教育」を学校全体で実施していくための，「キャリア教育に活用」「規律ある態度の推進に活用」という2つの方法を提案しました。

A：キャリア教育に活用した実践例

1つめは，キャリア教育（生き方教育・進路指導）で実施する方法です。キャリア教育では，「人間関係形成」「情報活用」「将来設計」「意思決定」の4領域での能力育成をめざします。本校では，特別活動部が中心となり，スキル教育の活用による「人間関係形成能力」の育成をめざし，特別活動の領域で推進しました。（表1，2参照）

表1　本校のキャリア教育のねらい（学級活動指導計画より抜粋）

全学年共通	自分のことや他者に関心をもち，コミュニケーションを図ろうとする態度を育てる
低学年	自分の身の回りの人々の仕事などに関心をもつ態度を育てる
中学年	自分の将来について夢や希望をもって生活する態度を育てる
高学年	自分の目標に向かって努力する態度を育てる

第4章 小学校のさまざまな実践

表2 キャリア教育の指導計画（学級活動指導計画より抜粋）

学年と時期	題材名	ねらい
1年 5月	清掃のしかた	・清掃用具を使って，掃除しようとする態度を育てる。 ・友達のよさに気づき相互に認め合い，協力して活動することの大切さを知る。
2年 11月	みんななかよく	・自分の夢を友達に話したり，友達の夢を聞いたりすることができる。 ・一人一人のよさや違いに気づき，夢を叶えようとする気持ちをもつ。
3年 11月	友達のよいところ	・クラスみんなで取り組んだことや自慢できるようなことを振り返り，「クラスの宝物」としてお互いに認め合う。 ・互いの役割や役割分担の必要性がわかり，活動することの大切さを知る。
4年 11月	友達のよいところ	・クラスの友達のよさを見つけ，いろいろなよさをもっている友達がいることを知る。 ・友達のよさに気づき，どんな自分になりたいかを考える。
5年 11月	感謝の気持ち	・自分のよさや個性を知り，それを伸ばしていこうとする態度を身につける。 ・テーマを決め，進んで調べようとする。
6年 1月	将来の夢	・将来の夢や展望をもたせ，自分のよさを伸ばしていこうとする意欲を育てる。 ・自分の思いや願いを発表したり，伝え合ったりすることを通して自分のよさや友達のよさに気づくことができる。

B：「規律ある態度」の推進に活用した実践例

2つめは，「規律ある態度」の推進に活用する方法です。本校では，「規律ある態度」の推進のために，朝会の場を利用してスキル教育に取り組んでいます。

毎月の全校朝会の内容には，「校長講話」「賞状伝達」「教師が輪番制で行う生活目標についての話」があります。このうち「生活目標についての話」は，10月から担当と「規律ある態度部会」（以後，規律部会）で一緒に計画しています。具体的には，生活目標に合致する標語を考えて，教師の朗読劇，ロールプレイ等を交えて，朝会で話をしています。

実施方法として，①全校朝会で標語に関するロールプレイ，②教室へ戻って振り返りの話し合い，③朝会テスト（覚えた標語を書かせ，感想を記入する），という流れで実施しています。振り返りの時間は，道徳や学級活動の時間で行っています（表3　99頁）。

スキル教育を全校朝会・キャリア教育に取り入れた実践〔小学校全学年〕第7節

表3　規律部会の指導実践（抜粋）

10月	生活目標	「みんなで使うものを大切にしましょう」
	規律部会標語	「立つより返事，口より動く」 ・場面，役割設定，シナリオ作成 ・「立つより返事」に適した場面，「口より動く」に適した場面にわけて，ロールプレイ
11月	生活目標	「友達に親切にしましょう」
	規律部会	『しんせつなともだち』（ファン・イー・チュン作，福音館書店） ・生活目標に沿った絵本の朗読 ・登場人物ごとに役割設定 ・プロジェクター投影
12月	生活目標	「掃除をしっかりしよう」
	規律部会標語	「床が光る　汗が光る　心が光る」 ・場面，役割設定，シナリオ作成 ・床が光らず，汗もかかず，心がさみしくなる場面のロールプレイ

●全校朝会での実践

　「規律ある態度」の育成に関し，全校で一斉に実施し，短時間でしかも継続できることをモットーに考えました。児童の反応はよく，私語はなく，集中して体育座りで聞くことができています。

　児童に伝える標語は，短くわかりやすいものを選びました。ロールプレイでは，教師が「あいさつをしない子」「掃除をしない子」の役割になりきります。すると，いつも「間違ったことをしない先生」が「間違いをする先生」に変身するので，児童は楽しく集中して見ています。学級へ戻ってからの「朝会テスト」への取り組みも積極的です。

表4　「床が光る，汗が光る，心が光る」のロールプレイ

（幕を少し閉めておく）	
当番	今日は，12月の生活目標に関係のあることを見せます。どんな目標か考えてみましょう。
司会	10月の合言葉を覚えていますか。先生が言ったら，あとに続いてみましょう。立つより『…（児童に言わせる）』，口より『…（児童に言わせる）』。では，続けて言ってみましょう。さんはい。
司会	今月の合言葉は，「床が光る，汗が光る，心が光る」です。一生懸命掃除をすると……（自分の体験を話す）では，床が光らず，汗もかかず，心が寂しくなる掃除を見せます。
児童1・2	「おーい。遊ぼうぜ。おれピッチャー。おまえバッター」

第4章 小学校のさまざまな実践

	（2人は，雑巾をボールに見立てて遊ぶ）（そこへ先生登場）
先生	掃除道具は遊ぶものではありません。（2人は，恥ずかしそうに立ち去る）
児童3・4	（2人は，追いかけっこを楽しそうに続ける）
先生	この2人は，掃除の時間になるとか・な・ら・ず，決まって，けんかをします。追いかけっこなどもします。そうして結局，掃除をしないのです。怪我をするし，学校も汚れてしまいます。（2人は，恥ずかしそうに立ち去る）
司会	では，彼らはどうでしょう？　本人たちは，「掃除をしているよ」と元気に言います。
児童5・6	（座ったまま雑巾がけ。ほうきをモップのように押しているだけ）
先生	こういうのは，掃除だと思いませんね。（2人は，恥ずかしそうに立ち去る）
司会	さあ，今月の合言葉を言ってみましょう。床が『…（児童に言わせる）』，汗が『…（児童に言わせる）』，心が『…（児童に言わせる）』。さんはい。
児童	床が光る！　汗が光る！　心が光る！

3. 成果

A：キャリア教育に活用した実践のあと

　実施後の様子は，自分と他人は考え方，ものの見方が違う，ということに気づいたようです。このことによって，自己理解，他者理解が高まると考えられます。4年生の学級指導「○○と言えば」（友達のよいところをカードに書き，まとめる）を実施し，振り返った結果，次のような感想が書かれていました。

- 自分のことでは，あまり人には優しくしてないんだけれど，優しく見られていてうれしかった。友達のことでは，僕がカードに書いた人も出ていたけど，書いてない人もいて，みんなと僕が思っている人は違うんだなと思った。
- 私は，こんなに自分が出ているとは思っていなかったのでびっくりしました。友達のことでは，私が書いた人がほとんど出ていました。
- 「みんなに優しい」と「親切」が1位と2位だったのは，『おー，納得，納得』と思ってうれしかったけど，「掃除がていねい」と「落ち着いている」がランキングに入っていたのは意外でびっくりでした。自分では落ち着いた性格だと思っていませんでした。でも，みんながそう思っているというのがうれしかったです。友達のことは，やっぱりだいたいみんなと同じ人に入れたんだなあと思いました。

スキル教育を全校朝会・キャリア教育に取り入れた実践〔小学校全学年〕第7節

- 僕は「掃除が上手」と「もの知り」と「アイディアマン」に書いてありました。僕は別にもの知りでもアイディアマンでもありません。でも，友達が信じてくれるのでうれしいと思います。友達のことは，やっぱり歌や掃除がうまいのは女子です。とくに朗らかや明るい人などは，いつも面白かったりする人だと思います。

B：「規律ある態度」の推進に活用した実践のあと

実施した先生方からは次のような感想がありました。

- 「立つより返事，口より動く」では，学級開きから繰り返し言っていたので，担任だけが厳しく指導していると思われていたように感じましたが，朝会で，しかも担任以外の先生が言ってくださったので，さらに指導が強化しやすかったです。

- 「床が光る，汗が光る，心が光る」では，床の塗装が変わって汚れがとれなかったけれど，たわしでこすったら光りだしたので，磨けば違うとわかったようで，めちゃめちゃ張り切っています。朝会の日は，掃除なしのロング昼休みだったのに，早く切り上げて掃除をしていました。やりながら，「気持ちいいね」というつぶやきが聞かれました。朝会では拭くだけのロールプレイでしたが，落ち葉拾いのグループも熱心に拾っていました。教師の目が届かない場所なので，遊べば遊べるのに，遊ばずにいたので朝会の話が理解できたのかなと思いました。

- 全体的には，10月，11月，12月と話の聞き方がよくなってきました。低学年では，先生方が何かをやってくれるのが印象に残るようです。ただ，話を聞くだけではないので楽しいようです。毎回テーマをもって話を聞くのはよいと思います。我々，教師も次回が楽しみです。学年，学級での指導がバラバラではなく，学校全体で統一して指導ができるのがよいと思います。また，生活目標に絡めた標語がよいと思います。

北本市立中丸小学校における実践（大野弥生子）

第4章 小学校のさまざまな実践

第8節　小学校・教務主任

教育課程に教務主任が推進者となって位置づけるプロセス

キーワード　総合　年間5時間　生徒指導主任　教育相談主任　校内研修　組織

この実践の見所

●課題

　これまで生徒指導上の問題が起こったときは，その都度，生徒指導部会を中心に具体策を検討し，実施してきました。また，根本的な対応として，道徳部，特活部を中心に，道徳や学活の授業の充実を図ってきました。しかし，従来の方法は子どもたちの問題行動に対し，常に教師側が後手に回った対応になっていました。問題が起きてからの緊急対応ではなく，全児童に対して開発的・予防的に対応し，計画的かつ継続的な具体策をもって児童の指導に当たらねばならないと考えました。

●実践のねらい

　教務主任が推進者となり，校内組織を活用してスキル教育を教育課程に位置づける。

●方法

・生徒指導主任と連携し，自校の児童の実態，及び課題を明確にする。
・教育相談主任と連携し，スキル教育の校内研修を実施する。
・カウンセリング研修修了者（中級以上）を活用し，示範授業を実施する。
・教育課程検討委員会において，スキル教育を総合的な学習の時間に位置づける。

●成果

・全教職員の学校カウンセリングに対する意識が高まりました。
・子どもたちは，元気に朝のあいさつをするようになりました。
・友達とのトラブルが少なくなり，校内での大きなけんかがなくなりました。
・先生たちへの言葉遣いがていねいになり，授業中の学習態度が向上しました。

第8節 教育課程に教務主任が推進者となって位置づけるプロセス〔小学校・教務主任〕

1. 問題と目的

本校では，学力・体力の向上を図るために，学習指導を支える基盤としての生徒指導の充実に取り組みました。スキル教育の教育課程への位置づけに向けて，教務主任が中心となって推進した，組織的な取組みの過程を紹介していきます。

2. 方法

はじめに スキル教育をどのように教育課程に位置づけるか

今日，教育現場では子どもたちに，「生きる力」を育むことを目標として「確かな学力」（知育），「豊かな人間性」（徳育），「健康・体力」（体育）をバランスよく育成することが求められています。本校では，知育・徳育・体育の3本柱を「学力」「規律ある態度」「体力」として，子どもたちの教育に取り組んでいます。この中で，スキル教育をどのように教育課程に位置づけるかが課題でした。

教務主任がスキル教育を，「学力」「規律ある態度」「体力」のどの分野において教育課程に位置づけるかを考えたとき，「子どもが社会の一員として守らなければならないきまりや行動を身につけ，時と場に応じて自ら行動し，けじめがあり，責任のある態度がとれるようにする」という「規律ある態度」を中心とした視点が最も適切に思われました。

そこでまず，「学力」は研究主任と，「体力」は体育主任と，「規律ある態度」は生徒指導主任と，それぞれ連携した，既存の校内組織を活用した教育計画を立案し，組織的に児童の育成に取り組む体制基盤を構築しました（図1）。そして，このうち「生徒指導部会」の組織的活動をスキル教育導入のための第一歩としました。

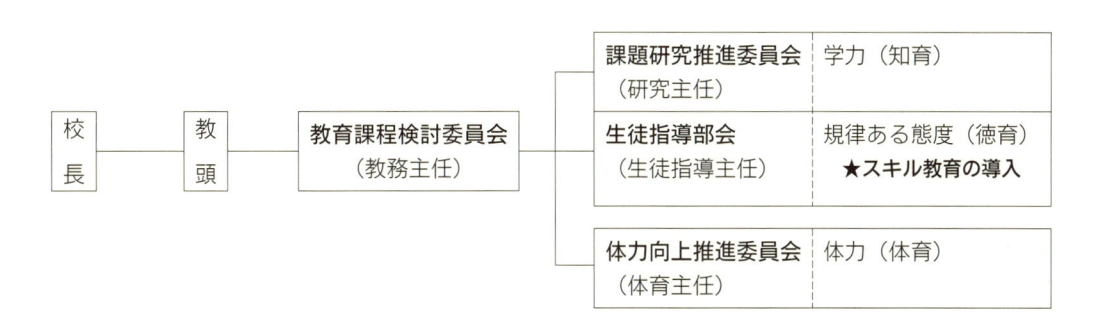

校長	教頭	教育課程検討委員会（教務主任）	課題研究推進委員会（研究主任）	学力（知育）
			生徒指導部会（生徒指導主任）	規律ある態度（徳育）★スキル教育の導入
			体力向上推進委員会（体育主任）	体力（体育）

図1　「生きる力」を育てる校内体制モデル

第4章　小学校のさまざまな実践

ステップ1　生徒指導主任と連携して，スキル教育の導入を検討（1学期）

　1学期，梅雨入りしたばかりの6月に，廊下を走って転んだり，ぶつかったりして，怪我をする事故が相次いで起きました。また，同じ時期に，休み時間，些細なことで口論からけんかになり，相手に怪我をさせてしまうような事故も数件起きました。校長からは生徒指導主任を中心に，緊急に対策を立て，実施するよう指示がありました。

　早速，生徒指導部会を開き，生徒指導的な視点から児童の行動を見直しました。各学年の生徒指導部の先生の報告から，「あいさつができない」「授業の開始時刻が守れない」「乱暴な言葉遣いをする」「授業中の私語が目立つ」等の実態が浮かび上がりました。

　そこで，全校をあげて，朝会や，学年集会等で，あいさつの励行，廊下歩行指導等，基本的な生活習慣の見直しを行いました。また，子どもたちのストレスを発散させる視点から体力向上推進委員会を開き，毎週木曜日に40分間のロング昼休みを設定し，この時間は，全教職員が校庭で子どもたちと一緒になって汗を流して遊びました。教師が積極的に子どもたちの輪の中に入ることにより，子どもたちの様子は落ち着きを取り戻しました。

　このように，本校はこれまでも生徒指導的問題が起こったときは，その都度，生徒指導部会を中心に具体策を検討し，実施してきました。また，根本的な対応として，道徳教育部，特別活動部を中心に道徳の時間，学級活動の時間の授業の充実を図ってきました。しかしながら，従来の方法は，子どもたちの問題行動に対し，常に教師側が後手に回った対応になっていました。

　教務主任と生徒指導主任は，これからは，問題が起きてからの緊急的な対応ではなく，また，一部の問題を起こす児童だけでなく，全児童に対して開発的・予防的に対応し，計画的かつ継続的な具体策をもって児童の指導に当たらねばならないと考えました。そこで，基本的な生活習慣の指導を強化するための具体的な方法として，スキル教育の授業実施に向けての検討を行い，生徒指導部会でスキル教育の重要性を共通理解しました。（図2）

緊急的な対応	根本的な対応		開発的・予防的な対応
生徒指導部	道徳教育部 … 道徳の時間 特別活動部 … 学級活動	＋	スキル教育の実施

図2　生徒指導におけるスキル教育の位置づけ

ステップ2　教育相談主任（係）と連携し，スキル教育の校内研修を実施（夏季休業日）

1学期の生徒指導部会では，スキル教育導入の必要性を共通理解することができました。しかし，「スキル教育とは具体的にどのようなものなのか？」という問い合わせが複数の教師からありました。スキル教育という概念は，本校では生徒指導主任，教育相談主任，学校カウンセリング研修中級修了者等，一部の教師しか理解していない状況でした。そこで，まず教師に向けてのスキル教育に関する校内研修が必要となってきました。

スキル教育は，教育相談（学校カウンセリング）的手法が基盤となっており，授業を展開するには少なからず専門的な知識や経験が必要です。教育相談の研修を専門に受けた教員数が多くない本校では，夏季休業中に，教育相談主任と連携してスキル教育に関する校内研修を実施しました。講師は市内小学校の学校カウンセリング上級研修修了者を招聘し，演習形式で行いました。研修に参加した教師からは，「2学期にぜひ，自学級で行ってみたい」という声が聞かれました。

ステップ3　スキル教育の示範授業の実施（2学期前半）

2学期の始めに教務主任が着手したことは，スキル教育の示範授業の実施でした。夏季休業日の校内研修を受けて，スキル教育に興味関心をもった一部の教師から，「実際のスキル教育の授業がどのようなものか見てみたい」という申し出があったのです。そこで，校内の学校カウンセリング中級修了者と連携し，示範授業を計画，実施しました。

授業は，「基本的な生活習慣の形成」「望ましい人間関係の育成」「心身ともに健康で安全な生活態度の形成」等の内容と，スキル教育の内容とが合致するとして，学級活動の時間に行いました。示範授業実施に際し，スキル教育とは具体的にどのような授業なのか知ってもらうため，多くの教員が授業参観できるように各学級担任と連絡，調整しました。

ステップ4　「スキル教育」年間指導計画の検討（2学期後半）

2学期の終わりには，スキル教育を自学級で実践する教師が複数名存在するようになりました。校内の教職員から，来年度に向けて，スキル教育の必要性・有用性が叫ばれるようになりました。これを機会に，教務主任は，スキル教育を教育課程に位置づける作業に入りました。本校では，総合的な学習の時間の中に位置づけることとし，総合主任を中心に年間指導計画の検討を行いました。総合に位置づけたのは，総合のねらい「学び方やものの考え方を身につけ，問題の解決や探求活動に主体的，創造的に取り組む態度を育て，

自己の生き方を考えることができるようにする」を具現化するための方法として，スキル教育の実施は適切である，また，授業時間数も道徳や学級活動に比べて多いため，時間を多く設定できる，などの判断からです。

ステップ5　教育計画の立案（3学期）

3学期に，教育課程検討委員会において，次年度のスキル教育の教育課程の位置づけが決まりました。スキル教育導入1年目は，年間5時間（1学期2時間，2学期2時間，3学期1時間）のカリキュラムとなりました（表3）。

表3　導入1年目の年間指導計画（第3学年抜粋）

時期	タイトル	○身につけさせたいスキル　★ねらい
4月	進んであいさつをしよう	○あいさつの仕方 ★あいさつの大切さを感じ取り，友達とさわやかにあいさつすることができる。
7月	社会科見学に行こう	○集団行動の仕方 ★見学先でのルールを具体的に決めるとともに実行することができる。
9月	素直に謝ろう	○謝り方 ★トラブルがあったとき，「ごめんなさい」をはっきり言うことができる。
12月	これでOK！ 職員室の入り方	○先生に対しての言葉の使い方 ★場に応じた受け答えや言葉遣いの大切さを理解し，実行することができる。
3月	いままでのわたしと これからのわたし	○自己理解の仕方 ★4年生に向けてどのような生活を過ごすかを考えることができる。

以上の過程で，生徒指導部，教育相談部，総合学習部等，さまざまな校内組織を活用しながらスキル教育を教育課程に組み込むことができました。

ステップ1	ステップ2	ステップ3	ステップ4	ステップ5
第1学期	夏季休業日	第2学期(前半)	第2学期(後半)	第3学期
生徒指導部	教育相談部	各学級担任	総合学習部	教育課程検討委員会
スキル教育導入の検討	実技研修実施 指導者招聘	示範授業の実施 スキル授業者の育成	年間指導計画の検討	教育計画立案

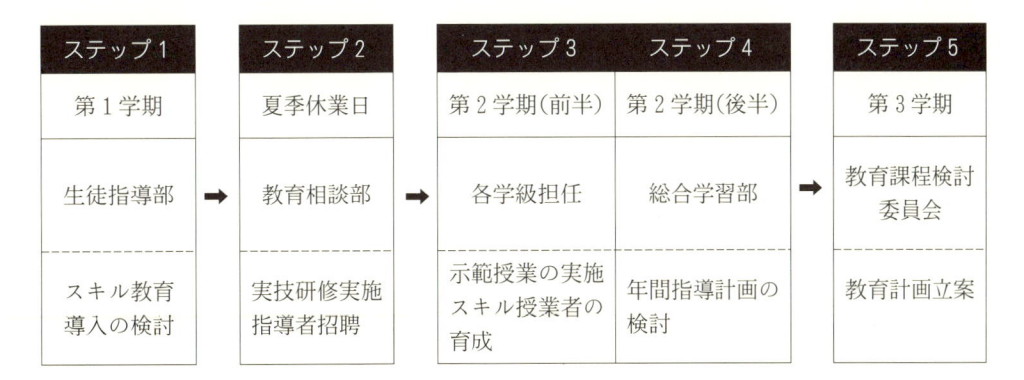

図3 新しく教育課程に位置づけるためのプロセス

3. 成果

●学校カウンセリング意識の高まり

　教育課程にスキル教育を位置づけたことにより，全教職員の学校カウンセリングに対する意識が高まりました。構成的グループエンカウンターやアサーショントレーニング，ソーシャルスキルトレーニング等を積極的に授業の中に生かそうと工夫する姿が見られるようになりました。

　今後は研究主任とも連携し，校内課題研修のテーマを「社会性を育むスキル教育」にして全校職員が一丸となって学力向上の土台となるスキル教育の充実に取り組む体制づくりをめざそうと計画しております。

●今後への展望

　スキル教育導入1年目は5時間の指導計画でしたが，2年目は指導計画を年間10時間程度に増加し，最終的には年間35時間の年間指導計画を作成しようと考えています。また，夏季休業中に実施した，スキル教育に関する校内研修を年間行事予定に組み込み，教師一人一人のスキル教育における指導技術の向上を図ろうと考えております。

　今後も，研修会や年間行事計画との関連づけを図ることで，組織的・計画的な指導体制基盤を強固なものとしていき，スキル教育を深く浸透させていきたいと思います。

上尾市立今泉小学校における実践（鈴木　薫）

第5章

中学校のさまざまな実践
―教育課程ならびに学校・学年体制での実践―

第5章 中学校のさまざまな実践

第1節 中学校全学年

いじめ防止プログラムとともに話し合いスキルを育てる

キーワード　学年集会・道徳・特活　　授業は全7時間
　　　　　　生徒指導部と学級担任　職員研修を実施までに4回

この実践の見所

●課題

　本中学校は小規模校です。校区は自然環境に恵まれ，幼いころより地域で育っている地元生徒と，造成された新興住宅に引っ越してきた生徒がそれぞれ半々の割合で在籍しています。学校の雰囲気は，一見落ち着いています。しかしよく観察すると，生徒間のいじめ，社会性の欠如，保護者の価値観の多様化など，問題の多いことに気づきました。ある年の2学期後半になると，どの学年においても「いじめ」が頻繁に起こるようになってきました。

●実践のねらい

　生徒指導上の危機管理として「いじめ」の早急な解決，積極的指導として「スキル教育」を導入することで，本校が抱える問題解決の一助とする。

●方法

・各学年の生徒に集団指導をしていく。

・本校の「いじめ」の実態と課題を明確にする。

・生徒指導部が中心となり「いじめ根絶期間」を設定するとともに，全校体制で「いじめ」をなくす取組みとしての「スキル教育」を実践する。

●成果

・いじめが激減しました。

・教員の意識が変わり，スキル教育に対して好意的な評価を得ました。

・スキル教育の授業で学んだことを，生徒が学校生活で生かしていました。

いじめ防止プログラムとともに話し合いスキルを育てる〔中学校全学年〕 第①節

1. 問題と目的

　本校では，ある年の2学期後半になると，どの学年においても「いじめ」が頻繁に起こる状況が見られました。生徒のいじめの実態は，仲間はずれ・悪口・いやがらせ・バイ菌ごっこなど，学校生活の中で日常的に行われるようになっていました。このような状況を解決していくためには，対症療法的に個別指導をしていくだけでは限界のあることがわかってきました。

　いじめの加害者側に共通していたのは，被害者の心の痛みを理解できていないということです。そこで，「スキル教育」としてのロールプレイを実践することにより，「相手の痛みを味わう」疑似体験をとおして，他者理解を深め，「いじめ」に対する意識を変えさせていくことを目的とした「いじめ根絶期間」を設定しました。

　また，予防・積極的な指導として意図的「話し合い活動」を授業の中で実践するようにしました。年度途中でしたが，生徒間の「いじめ」を拡散させないために，「人の話の聞き方」や「ものの言い方」に関するスキル教育を導入しました。このようなコミュニケーションスキルを一人一人の生徒に身につけさせることにより，新たないじめの発生を未然に防ぐことができるであろうと考えました。このような経緯で，いじめへの指導とその解決を目的とした全校体制でのスキル教育への取組みが始められることになりました。

2. 方法

● 「いじめ根絶期間」の取組みとスキル教育の実践 〈2学期〉

　2学期後半になると，どの学年でも「いじめ」への対応に追われる状況が見られました。そこで，生徒指導部が中心となり「いじめ根絶期間」（11月〜12月）を設定し，全校体制での「いじめ」解消をめざした取組み（実態調査アンケート（図1），個別指導，いじめ撲滅キャンペーンとしての標語やポスターによる啓発活動，朝会や集会における講話，保護者宛のお知らせを配布（図2）等）を行いました。その間，学校全体としての積極的な指導として「スキル教育」を取り入れる方向で諸準備を進めていきました。このことについては，次に示していきます。

　11月以降，定例の校内研修会2回，臨時校内研修会2回，合わせて4回の職員研修会を開催しました。そこでは，教員に「いじめ」の状況確認と「ロールプレイ」に関する正し

第5章 中学校のさまざまな実践

い理解と体験学習をしてもらいました。

　12月には、学年集会でのいじめに関する指導（表1）や、実際の授業で活用する指導案（『社会性を育てるスキル教育35時間・中学1年生』）による模擬授業を行い、言葉遣いやロールプレイ指導のポイントについての共通理解を図りました。

友人関係に関する調査

年　　組　　番　名前

＊個人の情報は、他の人に話したりしませんので、自分で思っていることを書いてください。

全員1　あなたは、嫌な言葉を言われたり、嫌なことをされたりしたことは、最近ありますか。（ ある ・ ない ）

　　2　1で（ある）と答えた人に聞きます。
　　　それはどんな言葉や行動ですか。

　　3　1で（ある）と答えた人に聞きます。
　　　そのことを、いじめられていると感じていますか。（ 感じている ・ 感じていない ）

　　4　1で（ある）と答えた人に聞きます。
　　　そのことをだれかに相談しましたか。（ した ・ していない ）

　　5　4で（した）と答えた人に聞きます。
　　　それはだれですか。（ 家族・先生・友人・その他（　　　　　））

全員6　クラスの友達でいじめられていると思う人はいますか。（ いる ・ いない ）

　　7　6で（いる）と答えた人に聞きます。
　　　そのことをだれかに相談しましたか。（ した ・ していない ）

　　8　7で（した）と答えた人に聞きます。それはだれですか。（ 家族・先生・友人・その他（　　））

全員9　あなたが、友達から言われたり、されたりしてうれしかったことは、どんな言葉やどんなことですか。

全員10　あなたが、何でも話せる親しい友達は何人くらいいますか。
　　　（　　　　）人くらい　　　　　　　　　　　　調査は以上です。

図1　「いじめ」に関する実態調査アンケート

いじめ防止プログラムとともに話し合いスキルを育てる〔中学校全学年〕第①節

○○年○○月○○日

保護者　様

　　　　　　　　　　　　　　　　　　　　　　　　○○○○○中学校

　　　　　　　　　　　　　　　　　　　　　　　　　　校長　○○　○○

「いじめの問題」への取組みの徹底について（お知らせ）

　向寒の候，保護者の皆様にはますます御健勝のことと拝察いたします。

　過日は，△△△△に多数御来校いただきありがとうございました。　※中略

　本校では，「いじめの問題」に対して，早期発見・即時対応を第一に取り組んで参りましたが，今後一層生徒の健全育成のため下記のとおりに取り組む所存でございます。

　つきましては，保護者の皆様のさらなるお力添えをいただきたく，お願い申し上げます。

記

1　学校の取組み

(1)　「いじめは人間として絶対に許されない行為」との意識を，学校教育全体を通じて，生徒一人一人に徹底します。

(2)　いじめの早期発見や即時対応をします。

(3)　いじめられている生徒については，学校が徹底して全校体制で守ります。

2　保護者の皆様へのお願い

(1)　いじめの早期発見・即時対応には，生徒や保護者の皆様の御協力が必要です。些細なことでも気になることがありましたら御相談ください。

(2)　保護者の皆様のお子様以外でも，いじめにかかわると思われるお話がございましたら，御連絡ください。

3　連絡先　○○○○○中学校　電話　△△△－△△△△，　FAX　△△△－△△△△

　　　　　　相談室　電話・FAX　△△△－△△△△

図2　保護者宛のお知らせの文面

第5章 中学校のさまざまな実践

表1 学年集会での「いじめ」に関する指導

	内　　容	備　　考
導入	寸劇の説明 ワークシートの説明	・司会者（生徒）がワークショップの流れを伝える。 ・ワークシートの記入方法を説明する。
展開1	寸劇1　口論からケンカ 寸劇2　誤解から絶交 寸劇3　もの隠し 寸劇4　小暴力 寸劇5　無視＆陰口 寸劇6　K1ごっこ	・司会者がそれぞれの寸劇に入る合図をする。 ・寸劇が一つ終わるごとに，演じた人が「心の中」を伝える。（観衆に向かい話すが，背後に字幕用紙を出すとよい。） ・終わったら，ワークシートに各自の「判断」を記入。 ・司会者は，各自が「判断」を○・×・△で記入したら，挙手により確認をする。 ・ワークシートには，寸劇と同じような場面を見聞したことがあるかどうかも書かせる。
展開2	「いじめ」とはどのようなことなのかを全員が考える。	・ワークシートに記入（2〜3行程度） ・観衆（生徒）にインタビューをする。
	「いじめ」をなくすためにはどうしたらよいかを考える。	・ワークシートに記入（2〜3行程度） ・観衆にインタビューをする。
整理	教師による講話	・今後の生活に活かせるよう，オープンエンドで締めくくる。

● 「いじめ根絶期間」の取組みとスキル教育の実践 〈3学期〉

　3学期以降，スキル教育の授業を各学級担任が行いました（表2）。授業は，道徳の時間を運用して行いました。その際，スキル教育の授業を公開としたことで，生徒や教員には，ほどよい緊張感をもちながらの授業としていくことができました。

　「話し合い」のスキルは，『社会性を育てるスキル教育35時間　中学1〜3年生』のプログラムから，本校に必要だと思われる内容（「話の聞き方」「気持ちのよい話し方」）のスキル教育を特別活動（学級活動）の時間で行いました（表3）。

　「話し合いスキルを取り入れた授業」研究会を設けることで，スキル教育の有効活用について検証していきました。

いじめ防止プログラムとともに話し合いスキルを育てる〔中学校全学年〕 第1節

表2 「社会性を育てるスキル教育」（道徳の授業）

タイトル・身につけさせたいスキル	ねらい
疑似体験で学ぶ〜思いやり，他者理解〜 　○思いやり，他者理解	相手に対する言葉遣いや接し方を学ぶことによって，円滑な人間関係を築くための方法を身につける。
君はどうする？ 　〜モラルスキルトレーニング〜 　○他者理解，協調性	多角的な見方で相手の気持ちを考えることや，自分の立場と周囲との調和を考えた行動を学ばせる。

表3 1月に行った「社会性を育てるスキル教育」（特別活動の授業）

タイトル・身につけさせたいスキル	ねらい
いいとこさがし〜お互いのいいところを見つけて認め合おう〜 　○他者理解，自己理解，自己洞察	他人のいいところを見つけ，自分のいいところに気がつき，自分の長所を発見することができるようにする。
上手な話の聴き方 〜マナーを身につけよう②〜 　○話の聞き方，共感性	人の話に注意深く耳を傾けることの大切さに気づき，「聴く」ことを意識的に行うルールとマナーを学ぶ。
温かい言葉かけ 〜マナーを身につけよう③〜 　○言葉遣い，思いやり	言葉かけの影響について知り，温かい言葉かけをするためのスキルについて理解し，使えるようにする。
ものは言い方〜好ましいコミュニケーション〜 　○コミュニケーション，相互理解	「ものは言い方」の意味を理解させ，望ましいコミュニケーションのとりかたについて体験的に学ぶ。

3. 成果

●いじめが激減し，学校が落ち着いた

　いじめに関するロールプレイは，学校の現状を鑑みて，代表の生徒(公募)に演じてもらうこととしました。また，学年集会の場で寸劇という形で行いました。授業中の生徒の様子や授業後の生徒の感想からは，「寸劇を観て，いじめられる側の『心の中』を聞き，ま

たは疑似体験をしたことをとおして『相手の心の痛み』を理解することができた」と記入する生徒が多数見られました。その後，いじめは激減していきました。

教員側にも生徒観察における視点の変化が見られました。

いままでは見過ごしていた「言葉による嫌がらせ」や「ふざけっこ」に対して，「いじめではないか？」と，いじめられている生徒の気持ちを共感的に理解することができるようになったものと感じます。何よりも，全校体制で，同じスタンスに立ち，教師の本気となった「いじめをなくそう」という取組みをとおして，学校が本来の落ち着きを取りもどしてきました。教師に対する信頼も高まったのか，生徒が教師に相談を求める場面が増えてきたことは，大きな成果だと思います。

●授業での話し合いが変わった

年度途中だったことや，いじめへの対応に追われてしまったこともあって，「話し合いのスキルを取り入れた授業」を実践したのは，数学・美術・学級活動の2教科・1領域でした。これらの授業における授業研究会からは，「話の聞き方」「気持ちのよい話し方」のスキルが生徒に身につくと，授業中の話し合い（意見交換）にとても有効であることが明らかになりました。

スキル教育を取り入れた授業では，生徒・教員ともに，「スキル」を意識するために，言葉遣いを選び，望ましい行動をめざす態度が見られました。3学期以降，授業の一部（場面によって）ですが，「話し合いのスキル」を取り入れる教科が増えてきました。

●教員の指導観の変容

「スキル教育」を導入して，最も変化が見られたのは「教員の意識」でした。いままでの教師の指導というと「話（言葉）」が中心でしたが，「スキル教育」では，生徒の「活動（行動）」をとおして，だれの目にも見える形でスキルの獲得をめざしていきます。実際に生徒自身が体験的につかんだスキルを学校生活で生かしている場面（相手の気持ちを推し量れるように努めている態度）を見ることにより，教師の指導観が変容してきたと感じています。

この年の年度末，「今後もスキル教育を計画的に導入するべき」と考えてくれる教員が多くなったことは，本校における教育課程への位置づけのために大きな一歩となりました。

いじめ防止プログラムとともに話し合いスキルを育てる〔中学校全学年〕第1節

●**今後の課題**

最後に，実践してみての課題について述べておきます。

「いじめ」に関するロールプレイの授業（学年集会）では，寸劇の内容や，いじめに対する理解度が重要になってきます。本事例では，生徒が中心となり授業を進めていきましたが，事前に教師との十分な打ち合わせと準備をしてきました。今回は1時間だけでしたが，どのように授業準備のための時間を確保していくのかが課題だったと思われます。

坂戸市立若宮中学校における実践（井上和美）

第5章 中学校のさまざまな実践

第2節　中学校全学年

進路指導主事を中心にキャリア教育の一環として推進

キーワード　進路指導（特別活動・職場体験学習・面接指導）
　　　　　　１・２年生各4時間，3年生12時間　自己理解

この実践の見所

●課題

　都心部に近くのどかな地域の小規模校。小学校で単学級で過ごしてきた生徒も多く，純朴ですが，社会性に関して弱さを感じます。年度当初の休み時間には，旧クラスの友達同士で廊下に集まる行動が見られました。他方，1年生は3日間の職場体験が，2年生は上級学校訪問が計画されています。この時期は，中学校生活にも慣れ生活面においては中だるみが見られます。3年生では現実的な進路決定の時期となり，入試への準備や入試本番の面接など社会的スキルを否が応でも身につけなければなりません。しかし，生徒の実態はスキル不足であり，多くの教員が不安を感じています。（平成20年度から職場体験を2年生で実施）

●実践のねらい

・新しいクラスで友達の輪を広げられるようにする。
・しっかりした態度で充実した職場体験や上級学校訪問に臨ませる。
・入試に必要となる社会性や社会的スキルを身につけさせる。

●方法

・ふれあいから一歩進めたスキル教育を学級開きに実践する。
・基本的な礼儀やマナーを身につけさせるスキル教育を事前指導として行う。
・自己理解を深めるスキル教育や面接を中心としたスキル教育プログラムを行う。

●成果

　学級内の親和的な雰囲気が高まりました。体験学習，上級学校訪問，入試本番において生徒たちは自信をもち，意欲的に取り組むことができました。

進路指導主事を中心にキャリア教育の一環として推進〔中学校全学年〕第②節

1. 問題と目的

　最近，職場の中でよく聞かれる会話があります。「以前には，こんなことはなかった」「これぐらいのことはできていたのに」など。子どもたち一人一人が社会の中で生きていくための力が不足してきていることを教師自身が感じている言葉だと思います。それでは具体的に，どのようなスキルが不足しているのでしょうか。

- 学校生活のスタート時に，友達をつくり集団生活になじむことができない。
- あいさつができない。
- 部屋の入り方（ノック・失礼しますなど）のマナーが身についていない。
- 提出物を出すときのやりとりがわからない。
- トラブルが自分の力だけでは解決できない。
- 自分の気持ちや意思をきちんと伝えることができない。

　このような現状を改善していくために，スキル教育をキャリア教育と関連づけながら全学年の生徒を対象として実施することにしました。

2. 方法

●学校体制づくり

　学校適応やキャリア教育推進の視点から，全体構想（図1）と，スキル教育導入計画（図2）を考えました。授業として行っていくために教務主任の先生や特別活動主任，各学年主任の先生にも相談をして，最終的には校長先生に判断をしていただき同意を得たあとに，年度当初の職員会議に提案をしました。

　キャリア教育は進路指導主事一人の力では限界があります。各学年の進路指導担当の先生方と連携しながら，生徒の発達段階を考慮して計画的に進めていかなければなりません。とくに，3年生については進路決定の最終段階となるので，必要とされる社会的スキルを一人一人の生徒に着実に身につけさせなければならないと思います。

　授業は，スキル教育を理解している教員に助言をしてもらいながら，各学級担任が特別活動・学級活動の時間で実践していきました。とくに注意したことは，指導する教員の理解不足から異なった学習内容にならないようにすることでした。その意味からも，カウンセリング研修等を受講した教員の力を活用していくことは大切なことです。

第5章 中学校のさまざまな実践

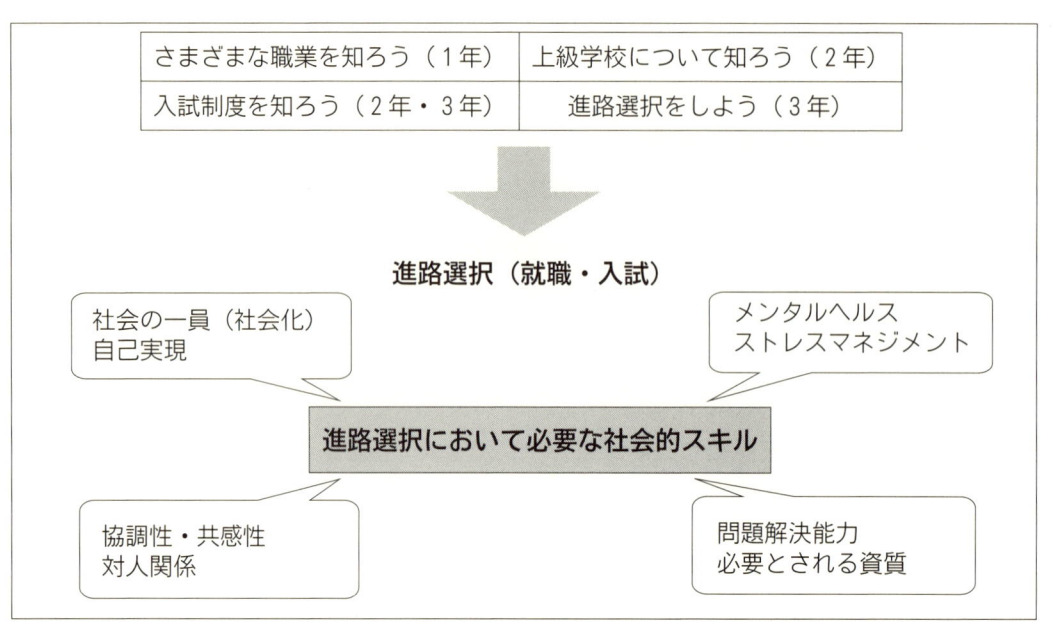

```
┌─────────────────────────────────────────────────┐
│  さまざまな職業を知ろう（1年）  │ 上級学校について知ろう（2年）│
│  入試制度を知ろう（2年・3年）   │ 進路選択をしよう（3年）      │
└─────────────────────────────────────────────────┘
                        ↓
              進路選択（就職・入試）

   社会の一員（社会化）              メンタルヘルス
   自己実現                          ストレスマネジメント
          ↘                          ↙
          進路選択において必要な社会的スキル
          ↗                          ↖
   協調性・共感性                    問題解決能力
   対人関係                          必要とされる資質
```

図1　中学生に必要な社会的スキルとキャリア教育全体構想

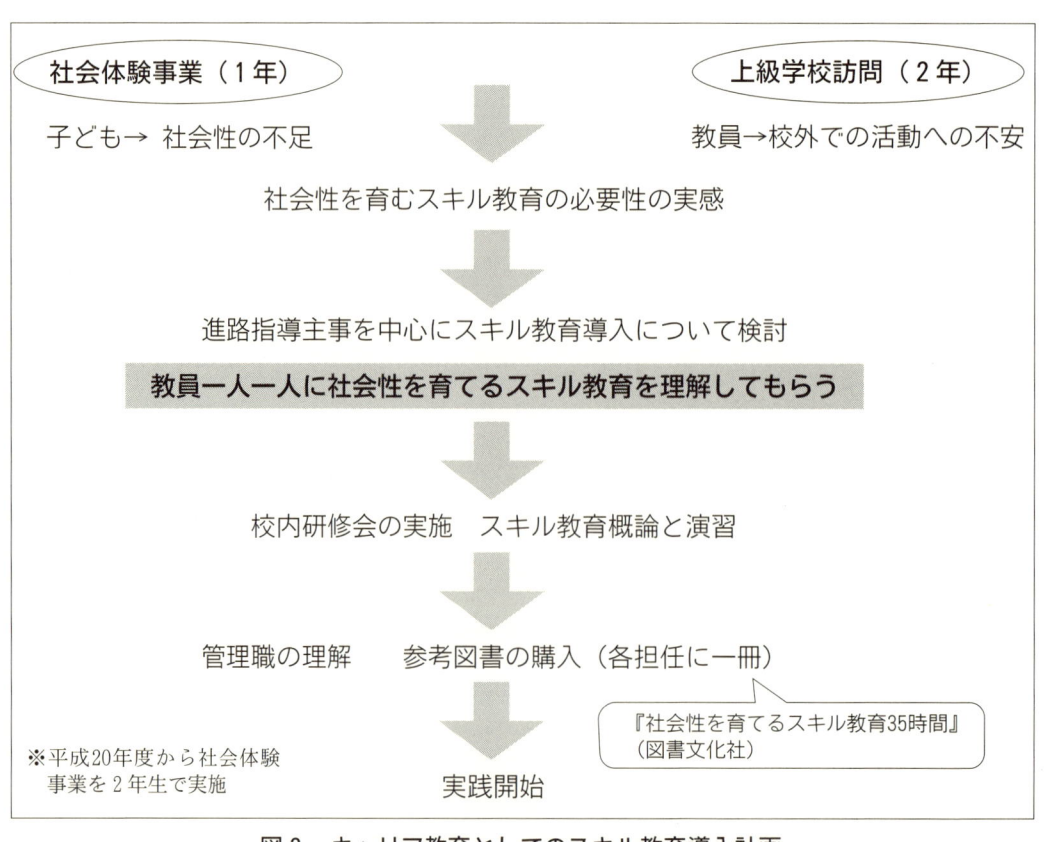

```
（社会体験事業（1年））              （上級学校訪問（2年））
子ども→社会性の不足                教員→校外での活動への不安
                        ↓
           社会性を育むスキル教育の必要性の実感
                        ↓
         進路指導主事を中心にスキル教育導入について検討
                        ↓
        【教員一人一人に社会性を育てるスキル教育を理解してもらう】
                        ↓
           校内研修会の実施　スキル教育概論と演習
                        ↓
           管理職の理解　参考図書の購入（各担任に一冊）
                                     │
                                     │『社会性を育てるスキル教育35時間』
                                     │（図書文化社）
                        ↓
※平成20年度から社会体験         実践開始
　事業を2年生で実施
```

図2　キャリア教育としてのスキル教育導入計画

進路指導主事を中心にキャリア教育の一環として推進〔中学校全学年〕第2節

● 授業の実際

1・2学年の年間指導計画を表1に，3学年におけるスキル教育とキャリア教育との関連を表2に示しました。

表1 キャリア教育におけるスキル教育年間指導計画（1・2学年）

進路行事等	スキルの授業	身につけさせたいスキル
学級内の人間関係	①インタビューゲーム	インタビュー方法，他者紹介
職場体験（1年） 上級学校訪問（2年）	②感じのよいあいさつ マナーを身につけよう1	礼儀，あいさつの仕方
	③上手な話の聴き方 マナーを身につけよう2	話の聞き方，共感性
	④「はい！」の言い方 〜気持ちのよい返事〜	礼儀，返事の仕方

表2 キャリア教育としてのスキル教育（3学年）

進路行事等	身につけさせたいスキル	スキル教育の実践例
学級内の人間関係	①インタビュー方法，他者紹介	学級開き（特別活動）
学校説明会 個別相談会（校外活動）	②あいさつ ③上手な質問の仕方 ④上手な話の聴き方	学級活動（特別活動） 学年集会（特別活動） 学年集会（特別活動）
面接 （入試に向けての活動）	⑤自己紹介（面接練習） ⑥あいさつ ⑦言葉をまとめ伝える力	学級活動（特別活動） 学級活動（特別活動） 学級活動（特別活動）
出願・入試・発表 （校外活動）	⑧トラブル解決法 ⑨上手な質問の仕方 ⑩気持ちを上手に伝える	学級活動（特別活動） 学年集会（特別活動） 学年集会（特別活動）
進路決定後の学校生活 （学級内の人間関係）	⑪人間関係づくり ⑫気持ちを伝える	学級活動（特別活動） 学年集会（特別活動）

● 実践が翌年へつなぐ

年度当初の職員会議においてスキル教育の導入を提案しましたが，そのときは，社会的スキルの必要性を感じていても，具体的な取組みというと何をしたらよいのかわからないという現状でした。スキル教育の授業を実践するためには，職員全体の共通理解が必要でしたが，上手く折り合いをつけることができませんでした。そこで，参考資料等を提案者

である筆者が責任をもって準備することで，翌年度の新学期からスキル教育を教育課程に位置づけることへの合意形成を図りました。

3. 結果

●4月当初の学級開きで「仲よくなる」ことを目的に行ったインタビューゲーム

　スキル学習の授業では，多くの生徒が自分から動いていました。しかし動けないタイプの生徒も見えてきます。同じ班の生徒に教師が声をかけ，自分から動けない生徒のところに行くようにさせました。

　活動中の生徒の様子は，①「ウォーミングアップ」では，早くも協力できたことをほめると，生徒たちの表情が一気に明るく，楽しそうになります。②「互いにインタビュー」も，和やかな雰囲気で進んでいましたが，あまり知らない生徒同士の2人組はいくらか固い感じもしていました。このあと，4人組をつくらせて，インタビュー内容を言わせる「他己紹介」をさせるとさらによかったかもしれません。③「みんなによろしく」では，まず顔なじみの同じ部活動の友達のところに行く生徒が多かったようです。しかし，途中で「何人にサインもらえたかな？　5人以上の人，は〜い（手をあげる）。10人以上の人，は〜い（手をあげる）。すごいねえ。みんな，もう少しがんばってみよう！　できたら勇気を出して，ぜんぜん知らない人に声をかけよう」と呼びかけると，積極的に動きだしました。教室に「自己紹介カード」を掲示してくれたクラスもあり，それを見ながら話が弾む場面が見られました。

●職場体験における事前打ち合わせのマナー学習

　活動内容は，最初と最後のあいさつ・礼の仕方，着席の仕方，訪問先にある物にさわらない，言葉遣い，打ち合わせで必ず聞くこと，です。

　活動中の生徒の様子は，①教師による「事前打ち合わせ」の実演は，楽しそうに見ていましたが，解説が始まると真剣になり，メモをとるよう指示すると，よく取り組んでいました。②「事前打ち合わせ」のシミュレーションでは，前の時間に，役割分担の話し合いがまとまるまでで時間切れになってしまった班がありました。自分たちで練習をしてからシミュレーションを見てもらいに来ていました。

　「事前打ち合わせ」の成果は，①事業所の方には，どこもあたたかく迎えていただいた

ようでした。もどってきた生徒たちは皆,「やりきった！」という達成感をたたえたよい表情を浮かべていました。②マニュアルどおりにはいかなかったところもあったようでしたが，あいさつや礼儀，言葉遣いやマナーなどは，シミュレーションの学習を生かしてしっかりでき，事業所の方々からはおほめの言葉をいただきました。③「事前打ち合わせ」がスムーズにできたことで生徒たちは自信をもち，実際の職場体験にも意欲的に取り組むことができました。「いままで来た生徒さんたちのなかでいちばんよいです」と言われたところも数箇所あったほどです。今後の課題は，マニュアルはもっと早いタイミングで提示し，直前の1時間は練習に充て，ふた班で組んで互いにシミュレーションを見てもらう活動を取り入れるとよいと考えます。また，マニュアルを見ずに，実演させる機会も計画できるとなおよいと思います。

●**入試本番に備えての面接演習**

面接演習を中核としたキャリア教育を進めていくなかで，生徒の一部には失敗する場面もみられました。本番では，大きなトラブルや問題までには発展せず，生徒たちが上手に対応し，すみやかに解決することができました。

今後は各学年のキャリア教育指導計画の中に3か年を見通した系統的なスキル教育指導計画が必要です。また，生徒たちの実態に即したプログラム内容を検討していく必要もあります。さらには，すべての教師がスキル教育の授業ができるように，校内研修会を充実させ，「学んでないのなら学べばよい，間違って学んでいたならば学び直せばよい」との視点を大切に取り組んでいくことが肝要であると思います。

越谷市立北陽中学校における実践（秋間隆司）

第5章 中学校のさまざまな実践

第3節　中学校全学年

学校行事と関連づけた総合的な学習の時間での実践

キーワード　総合的な学習の時間　年間10時間
　　　　　　学年・学校行事　　　ボランティア

この実践の見所

●課題

　本校は，開校26年目の新しい学校です。校区には新興住宅が多く，非常に教育熱心な地域にある中規模校です。生徒の大半は，落ち着いた態度で学校生活を過ごしています。しかし，教師側で行った事前アンケート調査では，校内の美化や時間に対する意識，約束を守る意識等，社会性の低さという課題が明らかになりました。

●実践のねらい

・生徒の社会性を育てる教育活動の一環として，スキル教育を総合的な学習の時間に導入して，生徒指導上の課題を改善する。

●方法

・スキル教育の授業を学年・学校行事前に実施して，生徒一人一人がスキルを定着させていく，一連のサイクルをもたせる。

・「社会性チェックリスト」のデータを利用して，スキル教育の効果測定を行い，生徒の変容を把握する。

●成果

　質問項目における行動面の内容では，かなり高い割合で向上が見られました。スキル教育の実践が実際の生活の場で生かされていることの表れと考えられます。

　ボランティア意識の向上が見られました。最初は学年や，部活動単位での取組みでしたが，徐々に個人単位で取り組んでいこうという意識が芽生えています。

第3節 学校行事と関連づけた総合的な学習の時間での実践〔中学校全学年〕

1. 問題と目的

　スキル教育導入前に実施したアンケート調査では，本校の生徒には，校内の美化や時間に対する意識，約束を守る意識など，広い意味での社会性が低い，という課題があることがわかりました。また，生徒の実態を把握するために行った「社会性チェックリスト」（出典：『埼玉県立総合教育センター研究報告書第275号』「児童生徒の社会性の育成に関する調査研究」）では，校内の美化に関する意識の低さ，自尊感情の低さなどが目立ちました。

　そこで，本校では，生徒の社会性を育み，豊かな心を育成することを目的として，社会性を育むためのスキル教育を導入することにしました（図1）。

2. 方法

●導入の背景

　翌年度よりの導入をめざし，11月にスキル教育の授業研究会を実施して，実際のスキル教育の授業に職員がふれる機会を設定しました。

　本校は，町教育委員会からの研究指定を受け，「よく考え働く生徒」の育成をめざし，『「生きる力」の基礎・基本とその定着を図る教育』を主題として研究を進めてきました。この研究の延長線上に，スキル教育の導入・実践を位置づけることで，職員間の共通理解も得やすく，スムーズに導入することができました。

●従来の教育計画に組み込む（総合的な学習の時間，行事との関連づけ）

　本校では，生徒一人一人に生きる力を育むには，全学年が共通してスキル教育を行うことが有効と考え，総合的な学習の時間にスキル教育の授業を位置づけることにしました。そこで，まずは総合的な学習の時間の年間指導計画を見直しました。

　本校のいままでの総合的な学習の時間との兼ね合いから，各学年とも年間10時間程度を導入することとしました（表1）。また，年間計画に組み込む際，学年・学校行事と関連させました。これは，スキル教育で学んだことは，授業直後に活動の場で実践することで定着すると考えたからです。

第5章 中学校のさまざまな実践

規律ある態度

笑顔で！認め合う！互いのよさ

実態

校内の美化・時間に対する意識・約束を守る意識→社会性の低さ

仮説

意図的・計画的・継続的な多様な集団活動を総合的な学習の時間・道徳・特別活動や日常の教育活動に取り入れていくことで，生徒の社会性を高め，豊かな心を育成することができる。

取組みと検証

豊かな心

豊かな心をはぐくむための3つの柱

総合的な学習の時間で
- ○**スキル教育の導入**
  →**各学年10時間程度**
- ・対人関係能力
- ・集団生活適応能力
- ・表現能力

道徳・学級活動の時間で
- ○道徳の着実な実践と充実
- ○心理教育の導入
  ・構成的グループ・エンカウンター
  ・グループワークトレーニング

学校・家庭で
- ○日常の指導の見直し
- ○委員会活動の充実
- ○ボランティア活動
- ○地域との連携

成果

行動の変容

- ☆規範意識・自尊感情の向上
  →行動面での質問事項については向上
- ☆ボランティア活動への意欲
- ☆教師の変容

課題

思考・感情の変容

- ☆スキル教育の内容の見直し
- ☆家庭教育宣言の実践
- ☆地域・家庭・学校のさらなる協力

生きる力

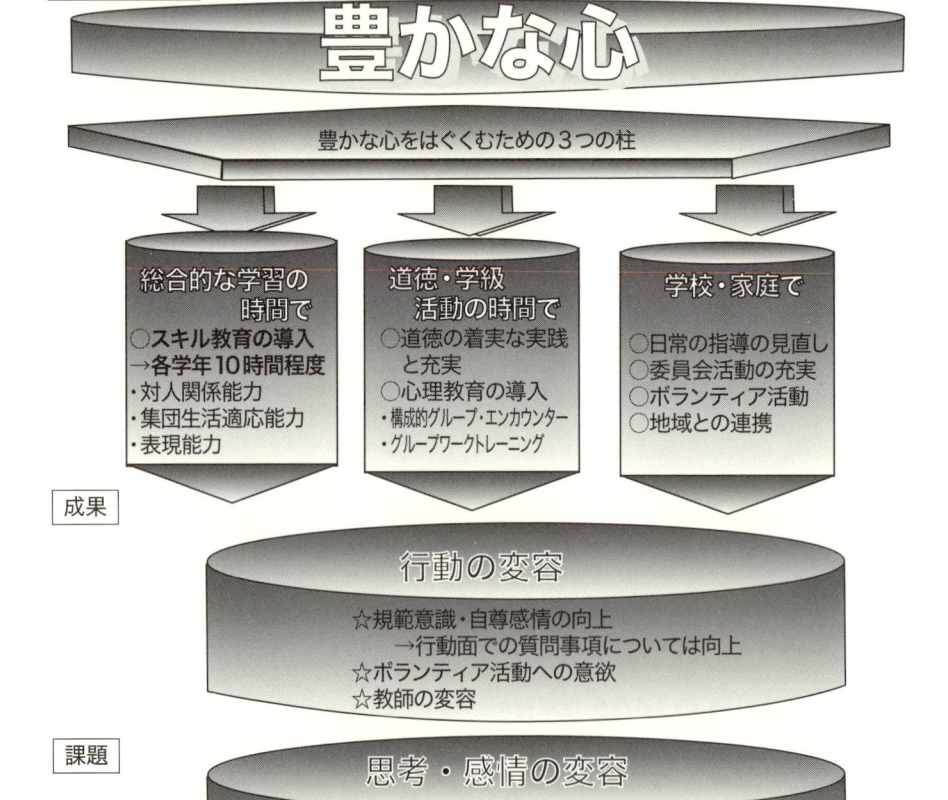

図1　学校研修課題としてのスキル教育の位置づけ

学校行事と関連づけた総合的な学習の時間での実践〔中学校全学年〕第3節

表1 学校行事とスキル教育年間指導計画

月	学校行事	スキル教育の授業タイトル（年間10時間）		
		1年生	2年生	3年生
4	学級開き	①インタビューによる他己紹介 ②私は部活リポーター	①こんな学級にしよう ②後輩に優しく接しよう	①高めあう学級づくり ②最上級生としての心構え ③修学旅行に向けて
5 6 7	修学旅行 運動会 職業体験 自然体験 三者面談 高校見学	③感じのよいあいさつ ④上手な話の聞き方 ⑤「はい」の言い方	③体育祭への不安や課題の解決 ④あなたも清掃マイスター ⑤砂漠の救助リスト	④自己理解を深める
9 10	文化祭	⑥合唱祭に向けて目標をつくろう	⑥上手なコミュニケーション	⑤高めあう学級づくり
11	薬物乱用防止	⑦友達にタバコを誘われたら	⑦交通マナーについて	⑥適切な言葉遣いを学ぼう
12 1	上級学校訪問 面接練習 自然体験学習	⑧課題をよりよく解決しよう ⑨「いじめ」について考えよう	⑧上級学校訪問に向けて ⑨わたしの大切なもの	⑦こんな時どうする ⑧高めあう学級づくり
2 3	入試 卒業式 進級	⑩クラスの仲間からのメッセージ	⑩卒業生に感謝の心を伝えよう	⑨卒業後の夢と希望 ⑩明日は卒業式

●実践の工夫

年間指導計画にしたがってスキル教育が実践できるように，『社会性を育てるスキル教育35時間・中学1〜3年生』（図書文化社）を各学年に配布しました。ほかにもスキル教育に関連する書籍を職員室の一箇所にまとめて，いつでもだれでも閲覧できるようにしました。また，実践の際に作成した資料や教具も，必要なときに利用できるように，授業指導案とあわせてまとめました。

3. 成果

●「社会性チェックリスト」の結果から（128頁）

本校の課題であった「規範意識」は，他の項目と比べると数値は低いですが，2，3年生ともに上昇しました。「自尊感情」については，3年生ではすべての質問項目で上昇しています。ただ，残念なことに2年生では下がってしまいました。このことに関しては，生徒の発達段階とも密接なかかわりがあるように思われます。

第5章 中学校のさまざまな実践

表3 「社会性チェックリスト」による生徒の実態

	質問項目	本年1年生		前年1年生		本年2年生		前年2年生		本年3年生	
ア	始業のチャイムが鳴ったら席に着くことができる。	3.3		3.0		3.5		3.1		3.3	
イ	友達とおしゃべりをしないで授業に参加できる。	2.7		2.7		2.8		2.5		2.7	
ウ	学校のきまりを守ることができる。	2.4	2.7	2.6	2.7	2.6	2.8	2.6	2.6	2.8	2.8
エ	自習時間は静かに自習できる。	3.1		3.0		3.1		2.8		3.0	
オ	廊下に落ちているゴミを拾うことができる。	2.0		2.0		2.2		1.9		2.2	
ア	朝，自分で起きる。	3.2		3.1		3.1		3.2		3.2	
イ	時間を守る。	3.0		2.8		3.1		2.8		3.0	
ウ	忘れ物をしない。	3.4	3.2	3.1	3.1	3.2	3.1	3.1	3.1	3.1	3.2
エ	靴箱に靴をそろえて入れる。	3.3		3.3		3.2		3.2		3.5	
オ	身の回りの整理整頓を自分でする。	3.0		3.1		3.2		3.0		3.1	
ア	わからないときは友達に質問できる。	3.5		3.4		3.4		3.4		3.4	
イ	悩み事があるときには，友達に相談できる。	2.9		2.7		2.7		2.7		2.7	
ウ	友達に頼みたいことがあるときは，頼むことができる。	3.4	3.3	3.8	3.3	3.3	3.2	3.3	3.2	3.3	3.3
エ	友達の話を聞くことができる。	3.5		3.4		3.3		3.4		3.6	
オ	友達に自分の考えを言うことができる。	3.2		3.1		3.2		3.2		3.3	
ア	友達と違う意見でも，自分の意見を言うことができる。	2.9		2.8		3.0		3.0		3.1	
イ	失敗したら，謝ることができる。	3.4		3.4		3.3		3.3		3.4	
ウ	困ったときには，人に助けを求めることができる。	3.2	3.1	3.1	3.1	3.1	3.1	3.0	3.1	3.1	3.1
エ	自分によいことが起きると，それを人に伝えることができる。	3.1		3.0		3.1		3.2		3.2	
オ	嫌なことは，うまく断ることができる。	3.0		3.0		2.9		2.9		2.9	
ア	悲しんでいる人を見ると，悲しい気持ちになる。	3.0		2.8		2.9		3.0		3.0	
イ	困っている人を見ると，心配になる。	3.1		3.1		3.0		3.1		3.0	
ウ	楽しそうな人を見ると，楽しい気持ちになる。	3.3	3.0	3.2	2.9	3.2	2.9	3.4	3.1	3.2	3.1
エ	友達の心の変化を感じることができる。	2.9		2.8		2.9		3.0		3.2	
オ	友達のやりたいことがわかる。	2.9		2.8		2.8		2.8		2.9	
ア	自分のことが好きである。	2.6		2.4		2.2		1.9		2.3	
イ	よいところがある。	2.9		2.8		2.8		2.5		2.8	
ウ	自信をもってやれることができる。	3.2	2.8	3.1	2.7	3.0	2.6	3.0	2.5	3.1	2.7
エ	人の役に立っていると思う。	2.5		2.5		2.5		2.3		2.5	
オ	やれば何でもできると思う。	2.7		2.8		2.6		2.6		2.7	
ア	友達と仲良くすることができる。	3.7		3.6		3.7		3.5		3.5	
イ	友達との話し合いに参加することができる。	3.2		3.1		3.1		3.1		3.2	
ウ	友達との約束を守ることができる。	3.4	3.3	3.4	3.2	3.3	3.2	3.2	3.2	3.3	3.3
エ	自分の考えが通らなくても，我慢することができる。	3.1		3.0		3.1		3.1		3.1	
オ	グループで何かを決めるとき，自分と違う意見も大切にすることができる。	3.1		2.9		3.0		3.0		3.3	
ア	手伝いや仕事を喜んですることができる。	2.7		2.8		2.9		2.7		2.8	
イ	友達と協力して作業することができる。	3.4		3.3		3.4		3.2		3.4	
ウ	行事の時などすすんで仕事をすることができる。	2.8	2.9	2.9	3.1	2.9	3.1	2.8	2.9	2.9	3.0
エ	最後まで仕事をやりとおすことができる。	3.1		3.2		3.1		3.0		3.1	
オ	工夫しながら仕事をすることができる。	2.7		3.0		3.0		2.7		2.9	

　表3の社会性尺度で使用されているのは8因子です。因子名は，上（ア～オ）から順番に，次のように整理されています。
「規範意識」「基本的生活習慣」「コミュニケーション能力」「アサーション」「共感性」「自尊感情」「集団参加能力」「実践力」。
各因子の項目得点は，学年生徒の平均値を示し，右側の因子得点は5項目の平均値を示しています。

【社会性チェックリストについて】
　『埼玉県立総合教育センター研究報告書第275号』「児童生徒の社会性の育成に関する調査研究」に収録されている尺度です。興味関心のある方は，次のアドレスで研究報告書のダウンロードができますので，アクセスしてみてください。
　http://www.center.spec.ed.jp/d/db.html

第3節 学校行事と関連づけた総合的な学習の時間での実践〔中学校全学年〕

表2　チェックリストの項目が大きく上下したもの

> 3ポイント以上の上昇が見られた項目
> ・始業のチャイムが鳴ったら席に着くことができる（規範意識）
> ・時間を守る（基本的生活習慣）
> ・廊下に落ちているゴミを拾うことができる（規範意識）
> ・靴箱に靴をそろえて入れる（基本的生活習慣）
> ・自分のことが好きである（自尊感情）
> ・よいところがある（自尊感情）
> ・グループで何かを決めるとき，自分と違う意見も大切にすることができる（集団参加能力）
> 3ポイント以上の下降が見られた項目
> ・友達に頼みたいことがあるときには，頼むことができる（コミュニケーション能力）

　全体として，一定の成果は上がりました。とくに，質問項目が行動面に関するものについては，かなり高い割合で向上が見られました。スキル教育の実践が実際の生活の場で生かされているのではないかと思います。いっぽう，質問項目が内面的なものに関しては，あまり向上が見られませんでした。今後は，生徒の発達段階にあわせた内面的な変化を促すプログラムの開発と取組みが必要です。

●ボランティア活動の活性化

　学校全体として，自らすすんで自分のできることへ取り組もう，というボランティア意識の向上が見られました。最初は学年や，部活動単位での取組みでしたが，次第に個人単位で取り組んでいこうという意識が芽生えていきました。

●学年・学校行事と関連づけた効果について

　生徒の行動面に向上が見られました。スキル教育を単発的な練習に終わらせず，実際に練習したことを試す機会を意図的に設けたことが，生徒の行動面の向上として現れているものと思います。具体的には，マナーに関するスキル学習のあとに実施した職業体験，上級学校訪問に向けてのスキル学習のあとに実施した上級学校訪問，など，スキル教育の授業で練習したことが，行事のなかで生かされていたと考えています。

　スキル教育の授業を確かなものとして位置づけるには，スキル教育の授業→各種行事における体験活動→まとめ，という一連の流れで押さえていくことが必要だと思います。そして，このような意図的・計画的な試みは教師にとっても教育効果の向上を実感しやすいため，肯定的に感じ取られていたようです。

白岡町立南中学校における実践（白井達男）

第5章 中学校のさまざまな実践

第4節　中学校1年生

総合的な学習の時間に講座制で実践

キーワード　総合的な学習の時間　年間5時間　人間関係
　　　　　　他者理解　養護教諭とのティームティーチング

この実践の見所
●課題

　本校は，戦後の新制中学校として昭和22年に創立された歴史ある中学校です。近年，住宅化の進行とともに他地域から転入してくる生徒もいますが，親の代から本校に通っている生徒が多く，地元に密着した中規模校です。

　本校の生徒の課題として，①あいさつが，あまりよくできない，②配慮のない言動からトラブルになるケースが多い，③善悪の判断や時や場所をわきまえた行動をとることができない生徒がいる，などがあげられました。やや落ちつかない学校生活を送っている生徒たちが，各学年ともに数名程度在籍しています。そのような生徒からの配慮のない言葉や行動による被害者として苦しんでいる生徒も見られます。

●実践のねらい
・スキル教育の授業を通して，他者理解を深めるとともに，望ましい集団活動を送るための力を育てる。

●方法
・「総合的な学習の時間」を活用して取り組む。
・1学年所属の教諭と養護教諭とのティームティーチングで，全学級それぞれ5時間を1タームとしたスキル教育プログラムに取り組む。

●成果

　生徒たちは，毎回のプログラムに意欲的に参加することができました。改善点に気づきました。

1. 問題と目的

本校の生徒には、いわゆる「荒れ」の状況が見られます。そのために、教師は、問題行動への対応に追われることが日常化していました。ある年度末の職員会議での情報交換と協議の際、本校の生徒指導上の課題として、次の①～⑤までを共通理解しました。

①あいさつがよくできていない
②配慮のない言動からトラブルになるケースが多い
③善悪の判断や時や場所をわきまえた行動をとることができない生徒がいる
④落ち着かない学校生活を送っている生徒が見られ、グループ化している
⑤グループ化している生徒の言動や行動により、被害を受けて苦しんでいる生徒がいる

このように、生徒に落ち着きがなく、問題行動が慢性化している状況では、授業そのものも上手く機能しておらず、全校体制で何らかの改善策を示していく必要がありました。そこで、生徒たちに望ましい集団活動の力を育てることを目的に、「望ましい人間関係を築くためのスキル教育」の授業の導入を図りました。

2. 方法

スキル教育を段階的に導入していくこととなり、初年度は、1年生の「総合的な学習の時間」を活用することになりました。本校の「総合的な学習の時間」は、担当者の創意・工夫に基づき、5時間を1タームとしています。第1学年の教師と養護教諭のティームティーチングで授業計画を立案して、指導に臨みました。

表1 「総合的な学習の時間」におけるスキル教育カリキュラム

月	1組	2組	3組	4組	5組
5	スキル学習①～⑤				
5		スキル学習①～⑤			
6			スキル学習①～⑤		
6				スキル学習①～⑤	
7					スキル学習①～⑤
7					

第5章 中学校のさまざまな実践

表2　第1学年のスキル教育プログラム概要

時数	プログラム名	スキル教育のねらい
1	感じのよいあいさつ	望ましいあいさつについて，体験を通して理解し，あいさつの仕方を学ぶ
2	ものは言い方	どのように話をすると相手を傷つけずに話ができるか体験的に学んでいく
3	20の私で探る私はだれか	自己理解の大切さを理解させ，自分の特徴を知っていく
4	善悪の判断を身につけよう	日常生活の中での行動をチェックし，話し合いの中で，善悪の判断力を身につけさせる
5	話の上手な聴き方	どのような態度で聴いたら，相手にとって心地よい聴き方になるかを体験的に学ぶ

※『社会性を育てるスキル教育35時間』（図書文化社）参照

　プログラム内容は表2に示しました。「感じのよいあいさつ」は，相手にとって気持ちがよいあいさつについて，体験的に学ぶ授業です。「ものは言い方」と「話の上手な聴き方」は，①相手を傷つけてしまう話し方，②相手の気持ちを考えて話すことの大切さ，③相手にとって心地よい話の聴き方について，を体験的に学びます。「善悪の判断を身につけよう」は，日常生活のさまざまな行動について，「悪くない行動」か「悪い行動」か「非行にあたる行動」かについて，話し合いながら善悪を判断する力を身につける授業です。

3. 成果

　生徒たちは，毎回のプログラムに意欲的に参加することができました。授業の最後に振り返りを行い，生徒の感想からは，「体験的に学ぶことで多くのことを感じることができた」という肯定的な意見を見出すことができました。代表的な5名の感想を次に示します。

- 今回の授業を通して，あいさつの大切さを学べた。あいさつにも，気持ちのよいあいさつとそうでないものがあることにも気づくことができた。
- 同じことを言っていても，言い方によって伝わり方が違う。うまく伝わらないと誤解を生み，トラブルになる。これからは言い方に気をつけていこうと思う。
- 自分のことは，知っているようで意外に知らないということに気づいた。
- やっていいこと，悪いこと，そして，非行にあたる行動などを知ることができた。善悪の判断をすることは大切なことだと思う。
- 話を上手に聞いてもらうと気持ちいいことを体験することができた。

今後の課題は，3年間を見通して，計画を立て，本校の実態を分析していくなかで，それぞれの発達段階で，どのような力を身につけていくことが必要なのかを検討しながら，プログラムを構築していくことです。スキル教育の授業は，カウンセリング研修歴のある教師が授業を担当する実践事例が多いようです。本校での今回の実践では，学校カウンセリングの研修を受けている教員が，すべてのプログラムを担当しましたが，今後は，全職員が担当できるように校内研修を深めていく必要があると強く感じました。

表3　導入1年目の実践を終えた，教師の反応

スキル教育の学習効果が表れたと思われる生徒の様子について
①（生徒の）自分自身に関すること
・あいさつや言葉遣いなど，生活の基本を学び，少しずつ身についてきている。
・自分の振り返りについて役立っている。
・自分を多角的に見つめられていた。
②学級集団形成に関すること
・普段話さない人とも話す機会ができていい。
・友達への話し方，接し方に気を遣うようになった。
・クラスの雰囲気を明るくしたり，まとめようとしたりする意欲が出てきた。
・中1の始めなどにとてもいい。
・グループワークを通して高められている。
③コミュニケーション能力
・無口な生徒も話す。
・人の意見を聞く機会が多くあり他人を理解しようとする意識が高まっている。
・男女の協力する態度が多くみられるように感じる。
・継続してやっていくと期待できそう。
・人と人とのかかわり方がよく理解できるようになっている。
・練習をとおして自分の考えをまとめ発表がスムーズになった生徒もみられた。
④進路指導に関すること
・面接や自己理解の時間が多くあり，進路選択を考えるよい時間になっている。
・内容がよかった。面接という直接的なねらいがとても役立った。
⑤学級内の人間関係
・他の生徒のよい点などがわかって人間関係づくりによい。
・話しかける友達が増えてきた。
・お互いに協力したり相談したりする場面があり友達との関係はよくなった。
⑥学校生活適応に関して
・1年生のスタートがよかった。
・振り返り用紙の記入をとおして，文章を書く力が少しついてきたように思う。

幸手市立幸手中学校における実践（折原浩之）

第5章 中学校のさまざまな実践

第5節　総合的な学習の時間とキャリア教育

中学校2年生

キーワード　特別活動・道徳・総合的な学習の時間　年間10時間
キャリア教育　表現・発表力　聞く態度

この実践の見所

●課題

本校は，人口増加が著しい郊外に位置する開校25年目の中規模校です。保護者の教育に対する関心と期待は高く，学校に対しても協力的です。地域全体に子どもを大切にしようとする気風があり，社会体験チャレンジ事業（職場体験学習）では，毎年30余りの事業所が協力をしてくれます。

生徒の実態は，全体的に落ち着いた学校生活を送っています。授業中の様子をみると，自ら挙手して発言する生徒が少ないことが気になります。進路調査からは，将来に就きたい職業や希望する上級学校の方向性について，具体的に考えられている生徒は約30%でした。このことから，自分の将来に対して夢や希望をもつ生徒を育てていきたいと考え，スキル教育の授業を導入していくこととしました。

●実践のねらい

・既存の教育活動（キャリア教育，行事等）にスキル教育の授業を関連づけ，キャリア形成力を高めるスキルの定着を図る。

●方法

・特別活動（学級活動），道徳の授業，総合的な学習の時間における学習活動を見直し，スキル教育の授業をキャリア教育と関連づけることで教育課程への位置づけを図る。

●成果

進路学習（「人生の先輩訪問」）の一環として位置づけた授業であったために，学んだことがすぐに役立つという実感から生徒の関心は高く，ねらいとしたスキルが生徒一人一人に身につく授業となりました。

総合的な学習の時間とキャリア教育〔中学校2年生〕第5節

1. 問題と目的

　かつての進路指導では，偏差値への依存が高い進路決定に対して，「進学指導あって，進路指導なし」という批判もありました。この反省に立ち，次期学習指導要領における「キャリア教育」では，生徒一人一人に将来の自分の生き方について主体的に考える力を育てることが求められています。

　さて，近年の若者を見ますと，進学準備に多忙で，職業まで含めた進路について考えることを先延ばしする傾向があり，真剣にキャリア形成を考える機会を失っている人が多く，フリーターやニートとして社会問題化しています。このような現状のなか，進路を見つめることは自我に目覚める時期の発達課題であると考えられるようになり，「人間としてのあり方・生き方」を育むキャリア教育の実践が求められるようになってきました。

　本校では，キャリア教育を推進していくには，机上の学習だけでは不十分であると考えています。キャリア形成力（自分を見つめ，家庭の事情なども含めて個性を生かして歩むべき進路について考え，検討すること）を育んでいくために，スキル教育の授業を活用していくことが，キャリア教育の効果を高めると考えました。

2. 方法

●スキル教育をキャリア教育に生かす

　本校は，道徳・特別活動（学級活動）・総合的な学習の時間に，スキル教育を積極的に取り入れて実践しています。参考に次ページに次年度のスキル教育の年間指導計画を例示します。

　キャリア教育の単元では，授業にゲストティーチャーを迎えて，生徒に表現・発表などのスキルを積極的に使わせていくことを目的に，事前に，基礎学習として，スキル教育の授業を実施しています。

　今回は，2年生の総合的な学習の時間で展開した実践を紹介します。

第5章 中学校のさまざまな実践

表1　スキル教育実施予定表

月	学校行事	タイトル 1年生		タイトル 2年生		タイトル 3年生	
4	学級開き	学	さあ，今日から中学生	学	さあ，今日から中堅学年	学	高めあう学級づくり
		学	校内オリエンテーリング	学	こんな学級にしよう	学	最上級生としての心構え
5	部活動保護者会			学	後輩に優しく接しよう		
	修学旅行						
6	社会体験チャレンジ事業			総	上手なコミュニケーション		
				学	効果的な学習方法を見つけよう		
7	期末テスト					学	有意義な夏休みを送ろう
9	体育祭			学	体育祭への不安や課題の解決		
10	新人県民総合体育大会	道	温かい言葉かけ	道	感じのよいあいさつ	選	世界がもし30人の村だったら
11	合唱祭	学	合唱祭の目標を作ろう	学	合唱祭に向けて目標をつくろう	選	世界がもし100人の村だったら
	全校三者面談						
	人生の先輩訪問			総	人生の先輩訪問を成功させよう		
12	面接練習					学	適切な言葉遣いを学ぼう
1							
2	スキー林間学校						
	入学試験						
3	卒業式					学	感謝の気持ちを表そう
	修了式			学	3年生への準備をしよう		

学：学級活動，道：道徳の時間，総：総合的な学習の時間，選：選択教科

●授業の実際

「将来の生き方を考えよう！」は，キャリア教育単元における体験活動「人生の先輩訪問」（137頁，表2参照）の基礎学習にあたる授業です。

基礎学習では，グループ活動を基盤とした発表を通して，よりわかりやすく伝える方法を工夫するとともにプレゼンテーションスキルを身につけさせます。また，聞く態度の大切さを理解させ，きちんと聞くスキルも身につけさせていきます。授業で使ったワークシートは図1に示しました。授業の終わりには，評価と振り返りを行います（図2参照）。

このことを通して，生徒一人一人がスキルについて確認をしていきます。場合によっては，グループで相互評価を行うこともあります。

なお，授業プログラムは，『社会性を育てるスキル教育35時間・中学2年生』（図書文化社）の「上級学校訪問を成功させよう」を参考にしました。授業をゼロから考えるのはとても大変です。土台になる展開の仕方やワークシートを見つけて，各校の実態に合わせてアレンジして使うことが大切だと思います。

総合的な学習の時間とキャリア教育〔中学校2年生〕第5節

表2 キャリア教育単元指導計画（中学2年生）

時限	月日（曜）	テーマ	ねらい・方法・内容
1	9月11日(月)	・オリエンテーション ・なぜ，人は働くのだろう	・大まかな方向性を知る。 ・自分なりの働く意義を考えることにより，働くことや職業への興味・関心を高める。
2	9月19日(火)	・なぜ，人は学ぶのだろう	・多様な学びを理解することにより，学習の考え方や生涯学習への，勉学観等を高める。
3	9月25日(月)	・卒業後に学ぶ道 1	・卒業後の学ぶ道を理解し，学科の特色と学習内容を知り，今後の具体的な進路選択に向けての動機づけを高める。
4	10月2日(月)	・卒業後に学ぶ道 2 自分の進路を考えるために	・自分の進路に目を向け，今後の具体的な進路選択に向けての動機づけを図る。
5	10月12日(木)	・人生の先輩に学ぼう！ 1	・いつ，どこで，だれに，どんな質問をするかを考える。
6	10月19日(木)	・仕事発見！ この人の職業は何だろう？	・社会にはさまざまな職業があることを理解する。
7	10月23日(月)	・人生の先輩に学ぼう！ 2 人生の先輩の職業事前学習	・訪問する予定の人生の先輩の職業を事前に調査し，知識を広げておく。
8	10月27日(金)	・人生の先輩に学ぼう！ 3 「人生の先輩訪問を成功させよう！」	・訪問に向けて，訪問のマナーや言葉遣いを学び，本番に活かす。（本時）
9 10	10月30日(月)	・人生の先輩に学ぼう！ 4 「人生の先輩訪問」	・インタビューして，その職業について理解を深めるとともに，仕事への思いや考えを知り，将来の生き方を考えるヒントにする。
11	11月2日(木)	・総合的な学習全校発表会	・1学期の成果を発表することにより，今後の学習に役立てる。 ・プレゼンテーション能力を高めると同時に，聞く態度を育てる。
12	11月13日(月)	・人生の先輩に学ぼう！ 5	・インタビューしたものを発表できるようにまとめる。
13	11月20日(月)	・人生の先輩に学ぼう！ 6 ゲストティーチャーを迎えて	・いままでの人生を振り返って，どの時期にどんな努力をしたか，どの時期が一番充実していたか。中学生へのアドバイスなどを伺い，いまをどう生きるのがよいかを各自が考える。
14	11月27日(月)	・人生の先輩に学ぼう！ 7 ・開発途上国を知ろう！ －開発途上国ってどんな国？－	・開発途上国について理解し，時次に行う講演会についての予備知識をもつ。 ・質問を考える。
15 16	12月4日(月)	・人生の先輩に学ぼう！ 8 ゲストティーチャーを迎えて （JICAの方）	・自分の学んだ知識や技術を開発途上国の人たちために生かして，世界全体が平和になるように活動をしている人たちもいることを知る。
17	12月11日(月)	・人生の先輩に学ぼう！ 9 ・総合的な学習クラス発表会	・2学期の総合的な学習で学んだことやだれのどんな生き方に共感したか。いまの中学生時代に何をやるべきかなどを発表する。
18	12月18日(月)	・自分の将来をデザインしよう	・進路への多様な価値観や大切さを考え，進路選択へ向けての意識向上を図る。

総合的な学習の時間　『将来の生き方を考えよう』ワークシート　学期　月　日（　）

―自己の個性を理解し、主体的に進路を選択する能力・態度を養おう！―

2年　組　番・名前

“人生の先輩訪問”を成功させよう！

◎話し方と態度・マナーをマスターしよう。
場面①　○○さんの家を訪問する場面

中学生　「こんにちは。私（ぼく）たちは小針中学校の２年　組で　　　さん（君）と同じ班で活動しています。今日はお忙しい中，私（ぼく）たちのインタビューのために，時間をつくっていただきありがとうございます。」

○○様宅　「どうぞ，上がりください。」

中学生　「おじゃまします。」
「ぼくは ＿＿＿ の ＿＿＿ です。よろしくお願いします。」
「わたしは ＿＿＿ の ＿＿＿ です。よろしくお願いします。」

人生の先輩「 ＿＿＿ の ＿＿＿ です。よろしくお願いします。」

中学生　「ぼく（私）たちはいま，総合的な学習の時間に将来の生き方が考えられるように学習しています。今日は人生の先輩として，いろいろアドバイスしていただけたらと思っています。それでは早速，質問させていただきます。

◇自分たちでせりふを作ってみよう。
場面②　訪問を終え，お世話になった○○さんにあいさつをして帰る場面

中学生　「　　　　」
（ここに感謝の気持ちを伝える言葉を入れよう）

○○さん　「少しは参考になりましたか？」

中学生　「　　　　」
（ここに今日学んだこと，勉強になったこと，来てみてわかったことなどを想像して入れよう）

○○さん　「それはよかったです。これからも時々遊びに来てください。」

中学生　「　　　　」
（あいさつの言葉を入れてみよう。）

図１　スキル教育の授業で使用したワークシート

ロールプレイ評価カード

中学生役氏名（　　　　）　観察役氏名（　　　　）

	項　目	訪問する場面	帰る場面
A．身だしなみ　など	□服装・襟元・ボタンなど □髪・つめ □姿勢 □表情		
C．話す内容 言葉遣い 声の大きさ　など	□あいさつ □名前 □学校名 □用件 □言葉遣い □声の大きさ		

※　◎大変良い　○良い　△努力しよう　（△の人には具体的なアドバイスをしよう。）

人生の先輩訪問を成功させよう！　振り返りシート

2年　組　番・名前

1　人生の先輩訪問に向けて，マナーや言葉遣いを学ぶことができましたか？
はい　　だいたい学べた　　あまり学べない　　いいえ

2　学んだことを積極的にトレーニングし，身につけることができましたか？
はい　　だいたい身についた　　あまり身につかない　　いいえ

3　進んで自分の意見を発表したり，級友の意見を真剣に聞けましたか？
はい　　だいたいできた　　あまりできない　　いいえ

4　学んだことをこれからの学校生活や人生の先輩訪問に向けて活かしていこうと思いますか？
はい　　だいたい思う　　あまり思わない　　いいえ

5　今日の学習を通して，気がついたことや感じたことを書いてください。

図２　スキル教育の授業の自己評価と振り返りシート

3. 成果

　学んだことがすぐに実践につながるとあって，生徒の関心はとても高く，意欲的に活動できました。その結果，訪問前の生徒の不安が軽減したこと，言葉遣いだけでなく服装などの身だしなみや表情，声の大きさなども大切な要素になるということに気づいたこと，当日の訪問を自信をもって迎えることができたこと等，目的とするスキルが身につく授業となりました。

　その後のキャリア教育の授業では，インタビューも大成功に終えることができ，学習成果を「職業発見！　将来の生き方探索ノート」にまとめることができました。

　今後の課題は，スキル教育の授業により組織的・計画的に取り組めるように校内体制の工夫改善を図ること，授業者である教師の指導力と専門性の向上を図ることです。この課題に対しては，実践を地道に積み上げていくことが欠かせないので，次年度以降も継続した取り組みを通して定着をめざしていきたいと思います。

　以下，基礎学習の授業後の生徒の感想を紹介します。

- マナーというのは，とても重要なものだということがわかった。今日の授業で学んだことを訪問するときに役立たせようと思った。
- 班によってマナー文が違っていた。参考にしようと思う。ロールプレイが楽しかった。訪問時，緊張しないように頑張ろうと思った。
- 訪問するときは言葉遣いやマナーに気をつけようと思った。そうすれば印象もよくなり，質問などがとてもやりやすいと思う。
- 実際に聞いて答えたわけではないので当日はもっとむずかしくなると思う。マナーに気をつけて緊張しないようにしようと思った。当日，失礼のないようにしようと思う。
- 人に何かを頼むときには態度で示さないと，きちんと答えてもらえないと思った。今日やったことを当日生かしたい。
- 今日やってみて，いろいろいいことができそうな気がした。表情は笑顔で話したい。
- もっと大きな声で言えたらよかった。
- 態度って，とっても大切だと思った。訪問するときにとても役立つ学習だった。
- 服装や話し方も相手が不快だと思わないようにしたいと思う。相手の気持ちを考えて質問したいと思う。

伊奈町立小針中学校における実践（篠﨑佐枝子）

◆**編集者**◆

清水　井一（しみず　せいいち）
埼玉県上尾市立西中学校校長。埼玉県中学校長会副会長，教育相談等に関する調査研究協力者（文科省）。昭和23年和歌山県生まれ。東洋大学文学部国文科卒業。埼玉県教育局指導部指導第一課生徒指導係長，川島町立伊草小学校校長，埼玉県立総合教育センター教育主幹を経て，中学校校長として現在2校目。
編集執筆『社会性を育てるスキル教育35時間』小学1〜中学3年生（図書文化）

◆**編集協力者**◆

鈴木　　薫（上尾市教育センター副主幹，前上尾市立今泉小学校教諭）

中村　　豊（関西学院大学准教授，前鷲宮町立東中学校教諭）

◆**執筆者一覧**◆

清水　井一　（第1章）（上尾市立西中学校校長）

中村　　豊　（第1章資料提供　第2章）（関西学院大学准教授，前鷲宮町立東中学校教諭）

栁　久美子　（第2章）（上尾市立南中学校教諭）

河原塚貴美代　（第3章第1節）（前上尾市立東町小学校校長）

堀　三和子　（第3章第2節）（上尾市立西中学校教諭）

鈴木　富江　（第4章第1節）（川島町立中山小学校教諭）

北村ひと美　（第4章第2節）（富士見市立勝瀬小学校教諭）

沖野　信子　（第4章第3節）（深谷市立深谷西小学校教諭，前熊谷市立成田小学校教諭）

井桁　明美　（第4章第4節）（熊谷市立市田小学校教諭）

栗田　裕子　（第4章第5節）（加須市立礼羽小学校教諭）

山本　司子　（第4章第6節）（深谷市立幡羅小学校教諭，前神川町立神泉小学校教諭）

大野弥生子　（第4章第7節）（北本市立中丸小学校教諭）

鈴木　　薫　（第4章第8節）（上尾市教育センター副主幹，前上尾市立今泉小学校教諭）

井上　和美　（第5章第1節）（坂戸市立若宮中学校教諭）

秋間　隆司　（第5章第2節）（越谷市立北陽中学校教諭）

白井　達男　（第5章第3節）（白岡町立南中学校教諭）

折原　浩之　（第5章第4節）（大利根町立大利根中学校教諭，前幸手市立幸手中学校教諭）

篠﨑佐枝子　（第5章第5節）（伊奈町立南中学校教諭，前伊奈町立小針中学校教諭）

◆**資料提供者**◆

大澤　里子　（さいたま市立下落合教育相談室相談員）

永嶋かほる　（寄居町立寄居小学校養護教諭）

大塚　淑美　（川島町立川島中学校教諭）

2008年5月10日現在の所属

◆監修者◆
國分　康孝（こくぶ　やすたか）

東京成徳大学副学長。日本教育カウンセラー協会会長。東京教育大学，同大学院を経てミシガン州立大学カウンセリング心理学専攻博士課程修了。Ph.D.。ライフワークは折衷主義，論理療法，構成的グループエンカウンター，サイコエジュケーション，教育カウンセラーの育成。著訳書多数。

生きる力の具体策
社会性を育てるスキル教育
教育課程　導入編

いじめ・荒れを予防し，「社会的スキル」を育てる，授業型の生徒指導

2008年7月1日　初版第1刷発行　　［検印省略］

監修者	國分康孝
編　者	Ⓒ清水井一
発行人	村主典英
発行所	株式会社　図書文化社 〒112-0012　東京都文京区大塚3-2-1 Tel. 03-3943-2511　Fax. 03-3943-2519 振替　00160-7-67697 http://www.toshobunka.co.jp/
印刷所	株式会社　高千穂印刷所
製本所	合資会社　村上製本所
装　幀	たかはしふみお

乱丁・落丁本の場合はお取り替えいたします。
定価はカバーに表示してあります。
ISBN 978-4-8100-8516-7 C 3337

構成的グループエンカウンターの本

必読の基本図書

構成的グループエンカウンター事典
國分康孝・國分久子総編集　A5判　本体：6,000円＋税
学校を中心に30年に及ぶ実践の全ノウハウを集大成

自分と向き合う！究極のエンカウンター
國分康孝リーダーによる2泊3日の合宿体験
國分康孝・國分久子編著　B6判　本体：1,800円＋税

エンカウンターとは何か　教師が学校で生かすために
國分康孝ほか共著　B6判　本体：1,600円＋税

エンカウンター スキルアップ　ホンネで語る「リーダーブック」
國分康孝ほか編　B6判　本体：1,800円＋税

エンカウンターで学校を創る
國分康孝監修　B5判　本体：各2,600円＋税

目的に応じたエンカウンターの活用

エンカウンターで総合が変わる　小学校編・中学校編
國分康孝監修　B5判　本体：各2,500円＋税

エンカウンターで進路指導が変わる
片野智治編集代表　B5判　本体：2,700円＋税

エンカウンターで学級づくりスタートダッシュ　小学校編・中学校編
諸富祥彦ほか編著　B5判　本体：各2,300円＋税

エンカウンター こんなときこうする！　小学校編・中学校編
諸富祥彦ほか編著　B5判　本体：各2,000円＋税　ヒントいっぱいの実践記録集

どんな学級にも使えるエンカウンター20選　中学校
國分康孝・國分久子監修　明里康弘著　B5判　本体：各2,000円＋税

多彩なエクササイズ集

エンカウンターで学級が変わる　小学校編　Part1～3
國分康孝監修　全3冊　B5判　本体：各2,500円＋税　ただしPart1のみ本体：2,233円＋税

エンカウンターで学級が変わる　中学校編　Part1～3
國分康孝監修　全3冊　B5判　本体：各2,500円＋税　ただしPart1のみ本体：2,233円＋税

エンカウンターで学級が変わる　高等学校編
國分康孝監修　B5判　本体：2,800円＋税

エンカウンターで学級が変わる　ショートエクササイズ集　Part1～2
國分康孝監修　B5判　本体：①2,500円＋税　②2,300円＋税

図書文化

※定価には別途消費税がかかります

ソーシャルスキル教育の関連図書

ソーシャルスキル教育で子どもが変わる [小学校]
－楽しく身につく学級生活の基礎・基本－

國分康孝監修　小林正幸・相川充編　　　　　　　　B5判 200頁　本体2,700円

友達づきあいのコツとルールを楽しく体験して身につける。わが国初めて、①小学校で身につけるべきソーシャルスキルを具体化、②学習の手順を段階化、③一斉指導で行う具体的な実践例、をまとめる。
●主要目次：ソーシャルスキル教育とは何か／学校での取り入れ方／基本ソーシャルスキル12／教科・領域に生かす実践集／治療的な活用

実践！ ソーシャルスキル教育 [小学校] [中学校]
－対人関係能力を育てる授業の最前線－

佐藤正二・相川充編　　　　　　　　　　　　　　B5判 208頁　本体各2,400円

実践の事前，事後にソーシャルスキルにかかわる尺度を使用し，効果を検証。発達段階に応じた授業を，単元計画，指導案，ワークシートで詳しく解説。
●小学校主要目次：ソーシャルスキル教育の考え方／ソーシャルスキル教育のためのアセスメント／道徳の時間の実践／特別活動の時間の実践／自己表現力を伸ばす
●中学校主要目次：中学生のための基本ソーシャルスキル／ストレスの高い生徒への実践／進路指導での実践／LD・ADHDをもつ生徒への実践／適応指導教室での実践

育てるカウンセリング実践シリーズ②③
グループ体験によるタイプ別！学級育成プログラム [小学校編] [中学校編]
－ソーシャルスキルとエンカウンターの統合－

河村茂雄編著　　　　　　　　　　　　　　　　　B5判 168頁　本体各2,300円

学校だからできる心の教育とは！ふれあいとルールを育て、教育力のある学級づくりをする。
★ソーシャルスキル尺度と学級満足度尺度Q-Uを使った確かなアセスメント。
●主要目次：心を育てる学級経営とは／基本エクササイズ／アレンジするための理論／学級育成プログラムの6事例

いま子どもたちに育てたい
学級ソーシャルスキル [小学・低学年] [小学・中学年] [小学・高学年] [中学校]
－人とかかわり，ともに生きるためのルールやマナー－

河村茂雄・品田笑子・藤村一夫・小野寺正己編著　　B5判 208〜224頁
　　　　　　　　　　　　　　　　　　　　　本体各2,400円（中学校編2,400円）

まとまりのある学級で使われているスキルはこれ！「みんなで決めたルールは守る」「親しくない人とでも区別なく班活動をする」など、社会参加の基礎となる人間関係の知識と技術を、毎日の学級生活で楽しく身につける！
●主要目次：学級ソーシャルスキルとは／学校生活のスキル／集団活動のスキル／友達関係のスキル

図書文化

※定価には別途消費税がかかります

小1から中3までの9年間の発達段階に即した，計画的な社会性育成の授業

社会性を育てる スキル教育 35時間

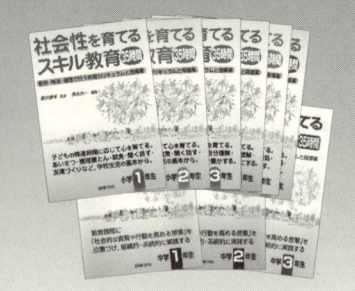

総合・特活・道徳で行う年間カリキュラムと指導案　　小学1年～中学3年〔全9冊〕

國分康孝 監修　清水井一 編集　　　　　　　　　　B5判　約160頁●本体各 **2,200**円

● 授業の例　小学3年生より　　　　　　　　　　指導案と教材をコンパクトにまとめました

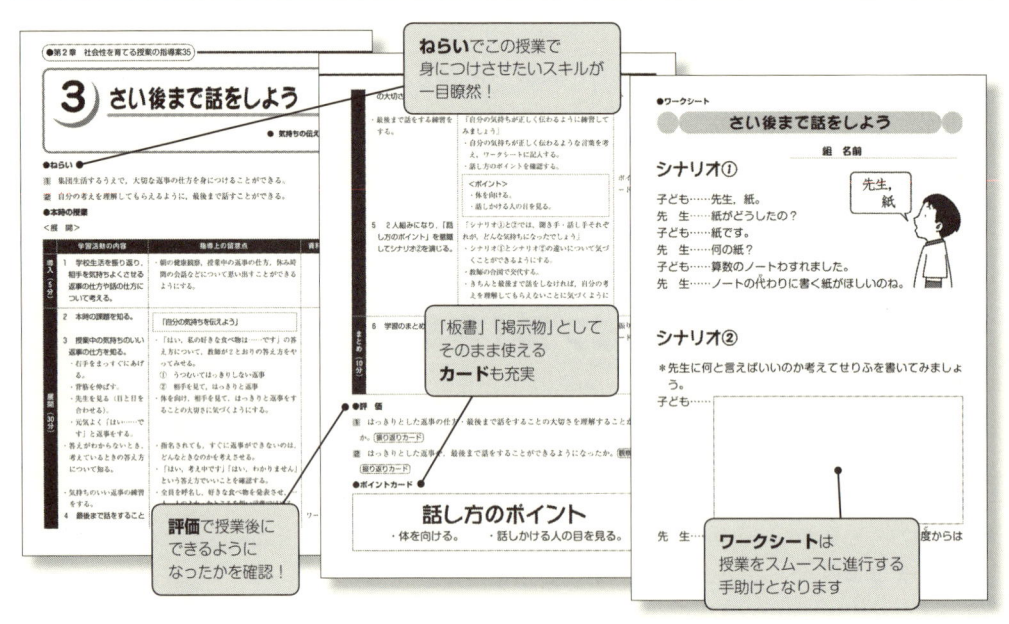

- **ねらい**でこの授業で身につけさせたいスキルが一目瞭然！
- 「板書」「掲示物」としてそのまま使える**カード**も充実
- **評価**で授業後にできるようになったかを確認！
- **ワークシート**は授業をスムースに進行する手助けとなります

● 各学年の授業例

小学1年生……学級開き，話の聞き方，返事の仕方，自己紹介，整理整頓，トイレの使い方，正しい姿勢，謝り方

小学2年生……頼み方，誘い方，明日の学習の準備，安全な登下校，掃除の仕方，不審者への対応，話し方聞き方

小学3年生……自己紹介，忘れ物のなくし方，自分に合った学習法，友達づくり，断り方，困っている人の助け方

小学4年生……上級生としての自覚，時刻の守り方，集団行動の仕方，友達のよさ，不審者対策，司会進行の仕方

小学5年生……下級生への接し方，協力の楽しさ，断り方，仲裁，納得のさせ方，励まし方，ストレスの解消法

小学6年生……伝わる話し方，敬語，家庭での役割，委員会での役割，自分の感情の理解，肯定的な他者評価

中学1年生……自己紹介，いいとこ探し，あいさつ，上手な聞き方，温かい言葉かけ，タバコを誘われたら

中学2年生……後輩に優しく，交際を誘われたら，上級学校訪問に向けて，清掃マイスター，テスト勉強

中学3年生……最上級生の心構え，きっぱり断る，有意義な夏休み，質問の仕方，誘惑に負けない，感謝の気持ち

図書文化

※定価には別途消費税がかかります